轻松学驾照

新驾考全攻略

C1/C2/C3/C5版

王淑君　编著

化学工业出版社
·北京·

内容简介

《轻松拿驾照：新驾考全攻略》（配动画演示视频）针对驾校学车考证人员，依据新交通法规，介绍小型汽车驾驶证申领和使用的相关规定和考试攻略。包括科目一道路交通安全法律、法规和相关知识，科目二场内基础驾驶技能考试知识，科目三实际道路驾驶技能考试和安全文明驾驶考试常识等相关知识点。

全书以“简洁的语言文字+全程彩色图解+配套精美MP4三维仿真动画演示视频”的形式进行介绍，直观易懂；重点介绍驾驶考试训练操作方法及应考技巧，科学、实用。

本书适合初次申领驾驶证的驾校学员及驾驶培训机构使用和借鉴，也可供相关院校汽车专业师生参考。

图书在版编目（CIP）数据

轻松拿驾照：新驾考全攻略：配动画演示视频/王淑君编著．—北京：化学工业出版社，2021.2（2021.11重印）
ISBN 978-7-122-38169-9

Ⅰ．①轻…　Ⅱ．①王…　Ⅲ．①汽车驾驶员-资格考试-自学参考资料　Ⅳ．①U471.3

中国版本图书馆CIP数据核字（2020）第243211号

责任编辑：黄　滢　　装帧设计：王晓宇
责任校对：王素芹

出版发行：化学工业出版社（北京市东城区青年湖南街13号　邮政编码100011）
印　　装：北京瑞禾彩色印刷有限公司
710mm×1000mm　1/16　印张12¼　字数236千字　2021年11月北京第1版第3次印刷

购书咨询：010-64518888　　售后服务：010-64518899
网　　址：http://www.cip.com.cn
凡购买本书，如有缺损质量问题，本社销售中心负责调换。

定　　价：69.00元

前言

随着国民经济的快速发展，私家车也有了巨大的发展空间，轿车进入百姓家庭的步伐不断加快，学习汽车驾驶的人也越来越多。为了帮助准备学习汽车驾驶的朋友更快、更好地学习和掌握汽车驾驶基本知识和技术要领，在化学工业出版社的组织下，特编写了本书。

本书依据全新道路交通安全法律、法规及新驾考相关规定编写而成，内容主要针对小型汽车（C1）、小型自动挡汽车（C2）、低速载货汽车（C3）和残疾人专用小型自动挡载客汽车（C5）的学车考证人员。

全书分为5章，依次为科目一（道路交通安全法律、法规和相关知识）考试攻略、科目二（基础驾驶技能）考试攻略、科目二（场地驾驶技能）考试攻略、科目三（道路驾驶技能）考试攻略、科目三（安全文明驾驶常识）考试攻略。内容涵盖最新考试规定各科目考试内容，申请驾驶员考试的程序和合格标准，道路交通安全法律、法规和规章，交通信号；驾驶基础知识和基础操作，倒车入库、坡道定点停车和起步、侧方停车、曲线行驶、直角转弯的考核目的、考场布局及评判标准、操作要求及相应的考试攻略；上车准备，起步，直线行驶，加减挡位操作，变更车道，靠边停车，直行通过路口、路口左转弯、路口右转弯，通过人行横道、学校区域和公共汽车站，会车，超车，掉头，夜间驾驶的考核目

的、评判标准及相应的考试攻略；安全文明驾驶应注意的一般问题，安全文明驾驶基本礼仪，恶劣气象条件下的安全驾驶，复杂道路（连续急弯山区道路、隧道、环岛、铁道路口、立交桥、高速公路）条件下的安全驾驶，紧急情况下的临危处置方法以及发生交通事故后的处置方法。

在编写过程中，贯彻少而精、理论联系实际的原则，尽可能“用图说话”，以大量彩色图片为主进行介绍，力求直观形象、通俗易懂。对涉及实际驾驶操作的内容配以精美的MP4三维动画演示视频讲解，扫描书内相应章节的二维码即可观看。彩色图文内容与3D仿真动画视频内容有机结合，仿佛身临其境一般，有利于读者快速理解和掌握，考驾照过程中顺利通关，成为一名合格的驾驶员。

学习驾驶并不难，难得的是在任何时候、任何场合都能自觉地严格遵守交通法规，以规范的驾驶行为保护自己和同车的乘客，不存一丝侥幸心理。希望通过本书的学习，准驾驶员们不仅能掌握正确的驾驶技术，还能养成良好的驾驶习惯，使汽车成为你手中得心应手的交通工具和好朋友。

由于笔者水平所限，书中疏漏之处在所难免，恳请广大读者批评指正。

编著者

目 录

第3章 科目二（场地驾驶技能）考试攻略

第4章 科目三（道路驾驶技能）考试攻略

第1章 科目一（道路交通安全法律、法规和相关知识）考试攻略

1.1 最新考试规定各科目考试内容

1.1.1 科目一考试内容

科目一考试内容包括：道路通行、交通信号、交通安全违法行为和交通事故处理、机动车驾驶证申领和使用、机动车登记等规定以及其他道路交通安全法律、法规和规章。

1.1.2 科目二考试内容

报考小型汽车（C1）、小型自动挡汽车（C2）、低速载货汽车（C3）和残疾人专用小型自动挡载客汽车（C5）准驾车型的，科目二考试内容包括：倒车入库、坡道定点停车和起步、侧方停车、曲线行驶、直角转弯。

1.1.3 科目三考试内容

报考小型汽车（C1）、小型自动挡汽车（C2）、低速载货汽车（C3）和残疾人专用小型自动挡载客汽车（C5）准驾车型的，科目三考试内容如下。

❶ 科目三道路驾驶技能考试内容包括：上车准备、起步、直线行驶、加减挡位操作、变更车道、靠边停车、直行通过路口、路口左转弯、路口右转弯、通过人行横道

线、通过学校区域、通过公共汽车站、会车、超车、掉头、夜间行驶。

考试里程不少于3公里，并抽取不少于20%进行夜间考试；不进行夜间考试的，应当进行模拟夜间灯光使用考试。

❷ 科目三安全文明驾驶常识考试内容包括：安全文明驾驶操作要求、恶劣气象和复杂道路条件下的安全驾驶知识、爆胎等紧急情况下的临危处置方法以及发生交通事故后的处置知识等。

1.2 申请考试的程序和合格标准

1.2.1 考试申请程序

❶ 车辆管理所对符合机动车驾驶证申请条件的，应当受理，并应按照预约的考场和时间安排考试。申请人科目一考试合格后，可以预约科目二或者科目三道路驾驶技能考试。有条件的地方，申请人可以同时预约科目二、科目三道路驾驶技能考试，预约成功后可以连续进行考试。科目二、科目三道路驾驶技能考试均合格后，申请人可以当日参加科目三安全文明驾驶常识考试。

申请人预约科目二、科目三道路驾驶技能考试，车辆管理所在六十日内不能安排考试的，可以选择省（自治区、直辖市）内其他考场预约考试。

车辆管理所应当使用全国统一的考试预约系统，采用互联网、电话、服务窗口等方式供申请人预约考试。

❷ 初次申请机动车驾驶证或者申请增加准驾车型的，科目一考试合格后，车辆管理所应当在一日内核发学习驾驶证明。

属于自学直考的，车辆管理所还应当按规定发放学车专用标识。

申请人在场地和道路上学习驾驶，应当按规定取得学习驾驶证明。学习驾驶证明的有效期为三年，申请人应当在有效期内完成科目二和科目三考试。未在有效期内完成考试的，已考试合格的科目成绩作废。

学习驾驶证明可以采用纸质或者电子形式，纸质学习驾驶证明和电子学习驾驶证明具有同等效力。申请人可以通过互联网交通安全综合服务管理平台打印或者下载学习驾驶证明。

申请人在道路上学习驾驶，应当随身携带学习驾驶证明，使用教练车或者学车专用标识签注的自学用车，在教练员或者学车专用标识签注的指导人员随车指导下，按照公安机关交通管理部门指定的路线、时间进行。

申请人为自学直考人员的，在道路上学习驾驶时，应当在自学用车上按规定放置、粘贴学车专用标识，自学用车不得搭载随车指导人员以外的其他人员。

❸ 初次申请机动车驾驶证或者申请增加准驾车型的，申请人预约科目二考试应当符合下列规定：报考小型汽车、小型自动挡汽车、低速载货汽车、残疾人专用小型自动挡载客汽车准驾车型的，在取得驾驶技能准考证明满十日后预约考试。

❹ 初次申请机动车驾驶证或者申请增加准驾车型的，申请人预约科目三考试应当符合下列规定：报考小型汽车、小型自动挡汽车、残疾人专用小型自动挡载客汽车准驾车型的，在取得驾驶技能准考证明满三十日后预约考试；报考低速载货汽车准驾车型的，在取得驾驶技能准考证明满二十日后预约考试。

❺ 持军队、武装警察部队或者境外机动车驾驶证申请机动车驾驶证的，应当自车辆管理所受理之日起三年内完成科目考试。

❻ 申请人因故不能按照预约时间参加考试的，应当提前一日申请取消预约。对申请人未按照预约考试时间参加考试的，判定该次考试不合格。

❼ 每个科目考试一次，考试不合格的，可以补考一次。不参加补考或者补考仍不合格的，本次考试终止，申请人应当重新预约考试，但科目二、科目三考试应当在十日后预约。科目三安全文明驾驶常识考试不合格的，已通过的道路驾驶技能考试成绩有效。在驾驶技能准考证明有效期内，科目二和科目三道路驾驶技能考试预约考试的次数不得超过五次。第五次预约考试仍不合格的，已考试合格的其他科目成绩作废。

❽ 车辆管理所组织考试前应当使用全国统一的计算机系统当日随机选配考试员，随机安排考生分组，随机选取考试路线。

❾ 考试后应当当场公布考试成绩，讲评考试不合格原因。

每个科目的考试成绩单应当有申请人和考试员的签名。未签名的不得核发机动车驾驶证。

1.2.2 各科目考试的合格标准

报考小型汽车（C1）、小型自动挡汽车（C2）、低速载货汽车（C3）和残疾人专用小型自动挡载客汽车（C5）准驾车型的，各科目考试合格标准如下。

❶ 科目一考试满分为100分，成绩达到90分的为合格。

❷ 科目二考试满分为100分，成绩达到80分的为合格。

❸ 科目三道路驾驶技能和安全文明驾驶常识考试满分分别为100分，成绩分别达到90分的为合格。

提示

所有上车考试项目容易扣分的地方如下。

❶ 未系安全带，扣100分。

❷ 未关好车门，扣100分。

❸ 未使用转向灯或使用少于3秒（起步、转向、变更车道、超车、停车前），扣10分。

❹ 熄火一次，扣10分。

1.3 道路交通安全法律、法规和规章

1.3.1 机动车驾驶证申领和使用

机动车驾驶证由正证和副证组成，装于证件夹中。

机动车驾驶证记载和签注以下内容。

❶ 机动车驾驶人信息：姓名、性别、出生日期、国籍、住址、身份证明号码（机动车驾驶证号码）、照片。

❷ 车辆管理所签注内容：初次领证日期、准驾车型代号、有效期起始日期、有效期限、核发机关印章、档案编号。

机动车驾驶证有效期分为六年、十年和长期。

驾驶证的准驾车型及代号如表1-1所示。

表 1-1　准驾车型及代号

准驾车型	代号	准驾的车辆	准予驾驶的其他准驾车型
大型客车	A1	大型载客汽车	A3、B1、B2、C1、C2、C3、C4、M
牵引车	A2	重型、中型全挂、半挂汽车列车	B1、B2、C1、C2、C3、C4、M
城市公交车	A3	核载10人以上的城市公共汽车	C1、C2、C3、C4

续表

<table>
<tr><th>准驾车型</th><th>代号</th><th>准驾的车辆</th><th>准予驾驶的其他准驾车型</th></tr>
<tr><td>中型客车</td><td>B1</td><td>中型载客汽车（含核载10人以上、19人以下的城市公共汽车）</td><td rowspan="2">C1、C2、C3、C4、M</td></tr>
<tr><td>大型货车</td><td>B2</td><td>重型、中型载货汽车；大、重、中型专项作业车</td></tr>
<tr><td>小型汽车</td><td>C1</td><td>小型、微型载客汽车以及轻型、微型载货汽车；轻、小、微型专项作业车</td><td>C2、C3、C4</td></tr>
<tr><td>小型自动挡汽车</td><td>C2</td><td>小型、微型自动挡载客汽车以及轻型、微型自动挡载货汽车</td><td></td></tr>
<tr><td>低速载货汽车</td><td>C3</td><td>低速载货汽车（原四轮农用运输车）</td><td>C4</td></tr>
<tr><td>三轮汽车</td><td>C4</td><td>三轮汽车（原三轮农用运输车）</td><td></td></tr>
<tr><td>残疾人专用小型自动挡载客汽车</td><td>C5</td><td>残疾人专用小型、微型自动挡载客汽车（只允许右下肢或者双下肢残疾人驾驶）</td><td></td></tr>
<tr><td>普通三轮摩托车</td><td>D</td><td>发动机排量大于50毫升或者最大设计车速大于50千米/小时的三轮摩托车</td><td>E、F</td></tr>
<tr><td>普通二轮摩托车</td><td>E</td><td>发动机排量大于50毫升或者最大设计车速大于50千米/小时的二轮摩托车</td><td>F</td></tr>
<tr><td>轻便摩托车</td><td>F</td><td>发动机排量小于等于50毫升，最大设计车速小于等于50千米/小时的摩托车</td><td></td></tr>
<tr><td>轮式自行机械车</td><td>M</td><td>轮式自行机械车</td><td></td></tr>
<tr><td>无轨电车</td><td>N</td><td>无轨电车</td><td></td></tr>
<tr><td>有轨电车</td><td>P</td><td>有轨电车</td><td></td></tr>
</table>

驾驶证的申领条件如下。

（1）年龄条件

❶ 申请小型汽车（C1）、小型自动挡汽车（C2）、残疾人专用小型自动挡载客汽车（C5）准驾车型的，在18周岁以上；

❷ 申请低速载货汽车（C3）准驾车型的，在18周岁以上，70周岁以下。

（2）身体条件

❶ 视力：申请小型汽车、小型自动挡汽车、低速载货汽车、残疾人专用小型自动挡载客汽车准驾车型的，两眼裸视力或者矫正视力达到对数视力表4.9以上。

❷ 辨色力：无红绿色盲。

❸ 听力：两耳分别距音叉50厘米能辨别声源方向。有听力障碍但佩戴助听设备能够达到以上条件的，可以申请小型汽车、小型自动挡汽车准驾车型的机动车驾驶证。

❹ 上肢：双手拇指健全，每只手其他手指必须有三指健全，肢体和手指运动功能正常，但手指末节残缺或者右手拇指缺失的，可以申请小型汽车、小型自动挡汽车、低速载货汽车准驾车型的机动车驾驶证。

❺ 下肢：双下肢健全且运动功能正常，不等长度不得大于5厘米，但左下肢缺失或者丧失运动功能的，可以申请小型自动挡汽车准驾车型的机动车驾驶证。右下肢、双下肢缺失或者丧失运动功能但能够自主坐立的，可以申请残疾人专用小型自动挡载客汽车准驾车型的机动车驾驶证。

❻ 躯干、颈部：无运动功能障碍。

提示

有下列情形之一的，不得申请机动车驾驶证。

第一，有器质性心脏病、癫痫病、美尼尔氏症、眩晕症、癔病、震颤麻痹、精神病、痴呆以及影响肢体活动的神经系统疾病等妨碍安全驾驶疾病的；

第二，三年内有吸食、注射毒品行为，或者解除强制隔离戒毒措施未满三年，或者长期服用依赖性精神药品成瘾尚未戒除的；

第三，造成交通事故后逃逸构成犯罪的；

第四，饮酒后或者醉酒驾驶机动车发生重大交通事故构成犯罪的；

第五，醉酒驾驶机动车或者饮酒后驾驶营运机动车依法被吊销机动车驾驶证未满五年的；

第六，醉酒驾驶营运机动车依法被吊销机动车驾驶证未满十年的；

第七，因其他情形依法被吊销机动车驾驶证未满二年的；

第八，驾驶许可依法被撤销未满三年的；

第九，法律、行政法规规定的其他情形。

未取得机动车驾驶证驾驶机动车，有前述第五项至第七项行为之一的，在规定期限内不得申请机动车驾驶证。

（3）初次可以领取的驾驶证

初次申领机动车驾驶证的，可以申请准驾车型为城市公交车、大型货车、小型汽车、小型自动挡汽车、低速载货汽车、三轮汽车、残疾人专用小型自动挡载客汽车、普通三轮摩托车、普通二轮摩托车、轻便摩托车、轮式自行机械车、无轨电车、有轨电车的机动车驾驶证。

在户籍所在地以外居住的，可以在居住地提出申请。

（4）申领程序

❶ 提供符合健康体检资质的二级以上医院、乡镇卫生院、社区卫生服务中心、健康体检中心等医疗机构出具的有关身体条件的证明。属于申请残疾人专用小型自动挡载客汽车的，应当提交经省级卫生主管部门指定的专门医疗机构出具的有关身体条件的证明。填写《机动车驾驶证申请表》。

❷ 交验身份证、暂住证、1寸免冠彩色登记照片及相关证件。

❸ 学习科目一（交通法规和驾驶常识）、科目二（场内道路练习）、科目三（实际道路练习）。

❹ 申请人科目一、科目二、科目三考试合格，应接受不少于半小时的交通安全文明常识和交通事故案例警示教育，并参加领证宣誓仪式。

以上所有项目完成，当日核发机动车驾驶证。

1.3.2 道路通行一般规则

我国道路交通实行右侧通行规则和按交通信号通行规则。如图1-1所示。

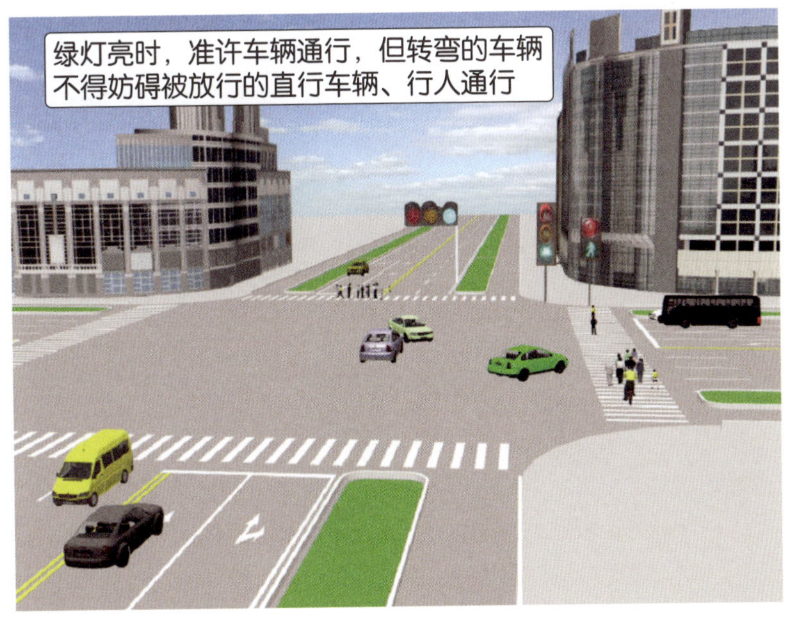

（a）

图 1-1

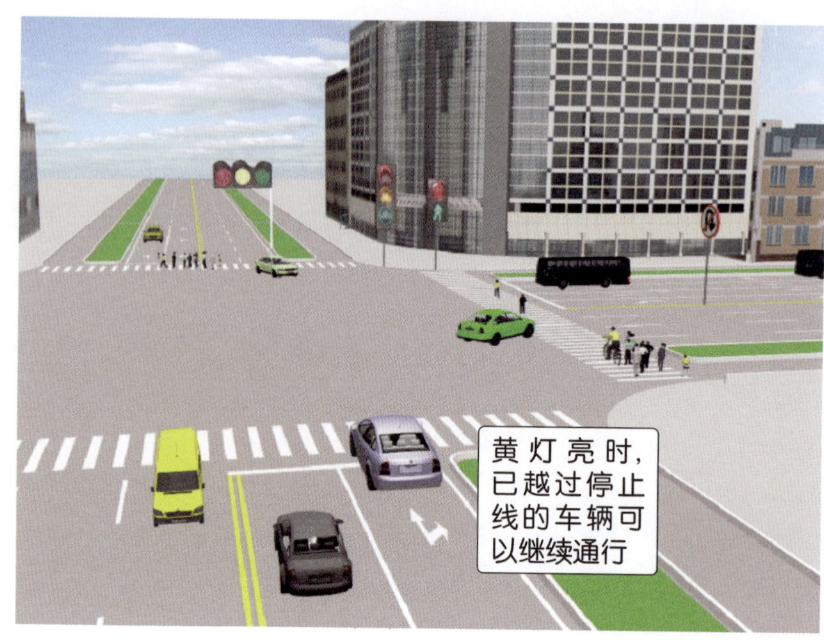

（b）

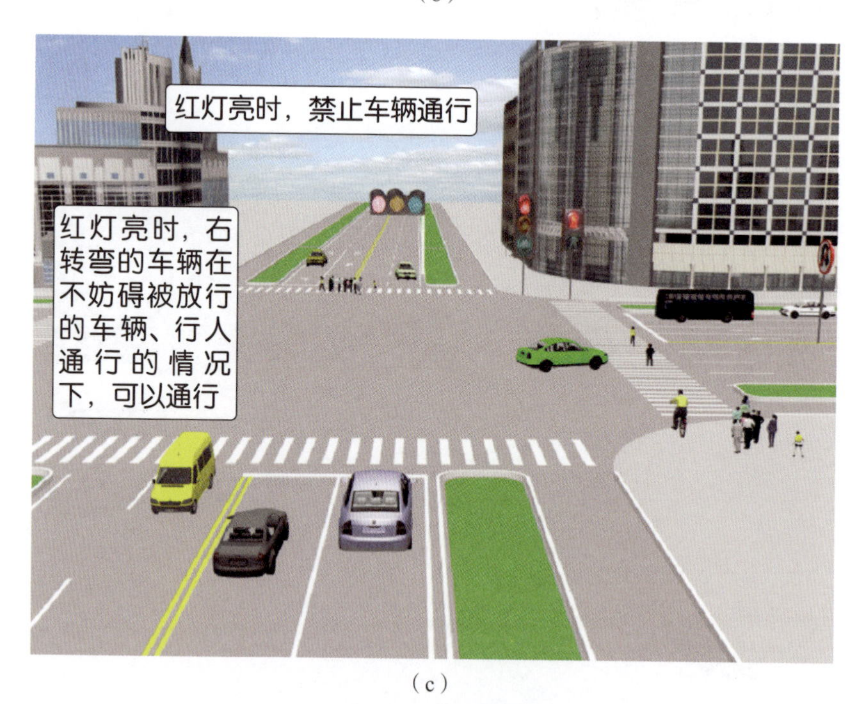

（c）

图 1-1　按交通信号和右侧通行规则

（1）人行横道信号灯规则

人行横道信号灯表示及相关规则如图1-2所示。

（a）

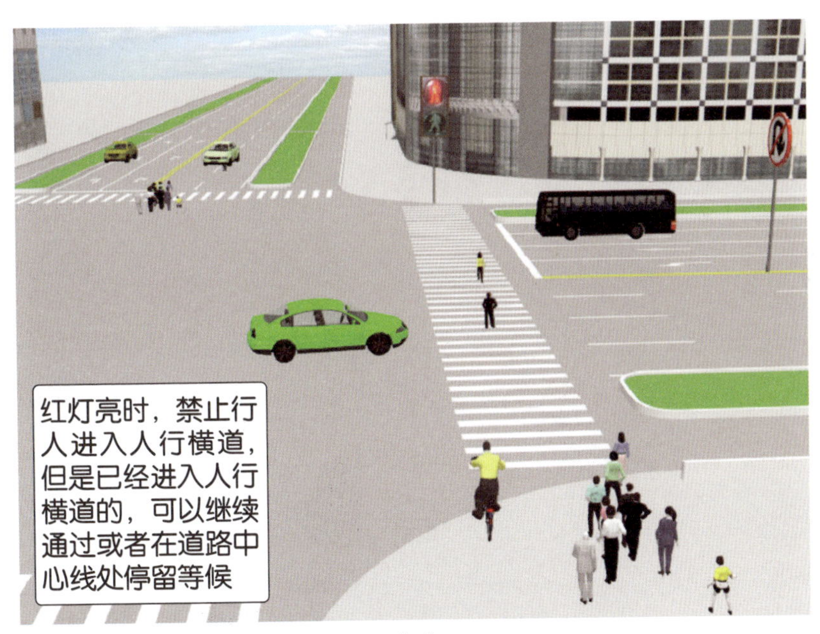

（b）

图1-2　人行横道信号灯规则

（2）车道信号灯规则

车道信号灯表示及相关规则如图 1-3 所示。

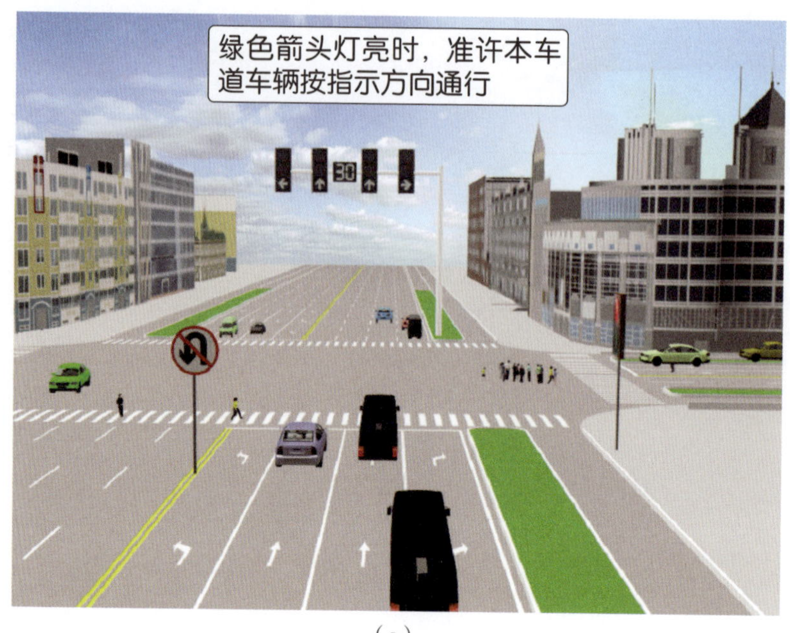

（a）

（b）

图 1-3　车道信号灯规则

（3）方向指示信号灯规则

方向指示信号灯表示及相关规则如图1-4所示。

图1-4 方向指示信号灯规则

（4）闪光警告信号灯规则

闪光警告信号灯表示及相关规则如图1-5所示。

图1-5 闪光警告信号灯规则

（5）铁道路口信号灯规则

铁道路口信号灯规则：绿灯通行，红灯停止。如图1-6所示。

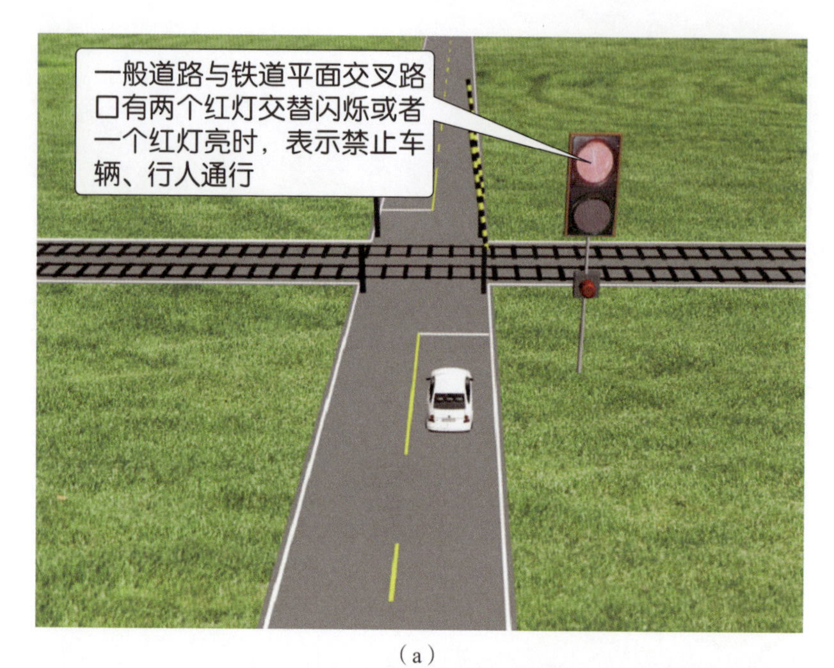

（a）

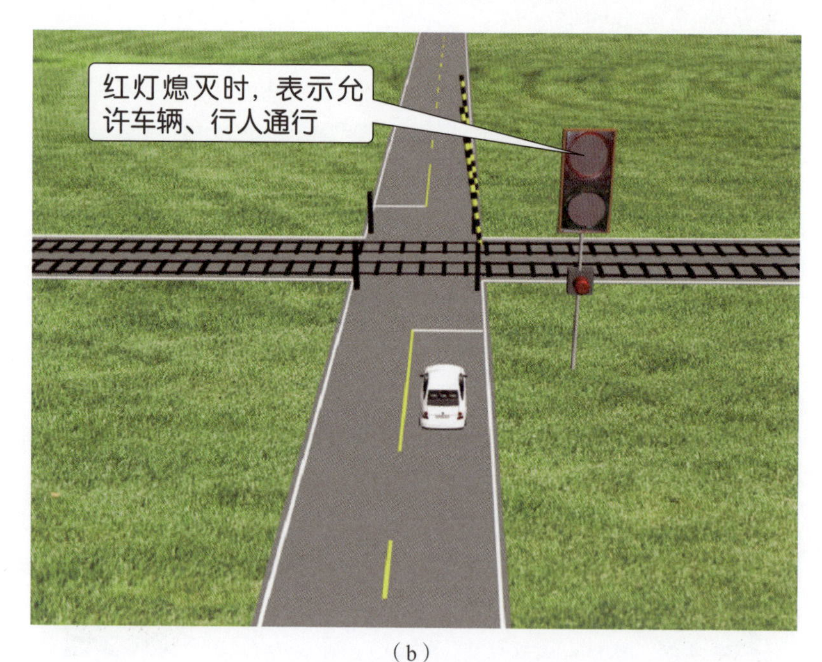

（b）

图1-6 铁道路口信号灯规则

1.3.3 机动车通行规定

（1）车道行驶规定

车道行驶相关规定如图1-7所示。

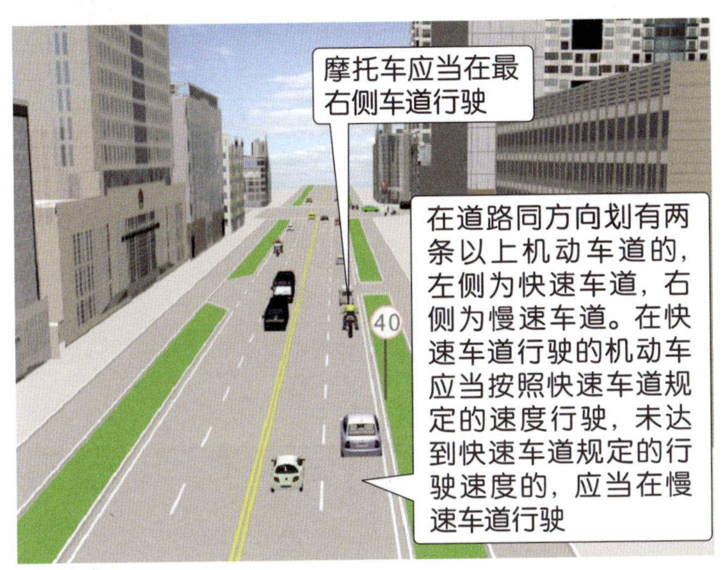

（a）

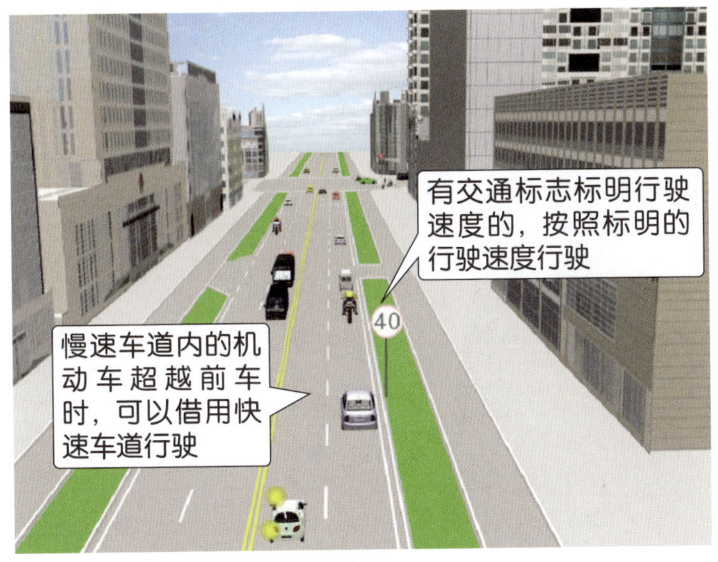

（b）

图 1-7

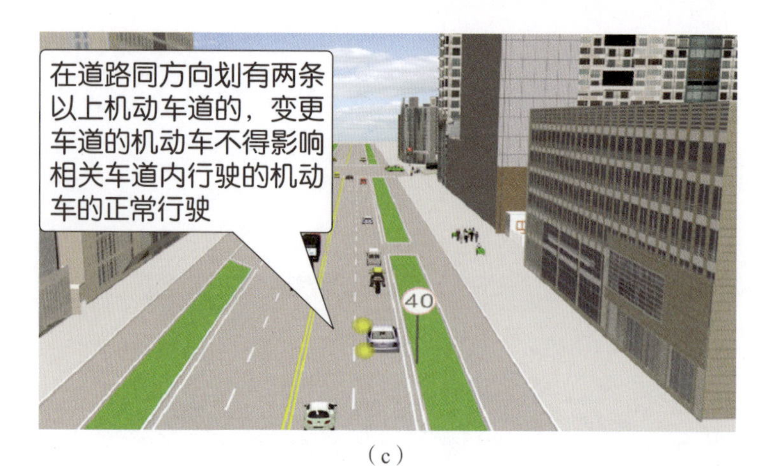

（c）

图 1-7　车道行驶规定

（2）限速规定

机动车在道路上行驶不得超过限速标志、标线标明的速度。在没有限速标志、标线的道路上，机动车不得超过最高行驶速度。如图 1-8 所示。

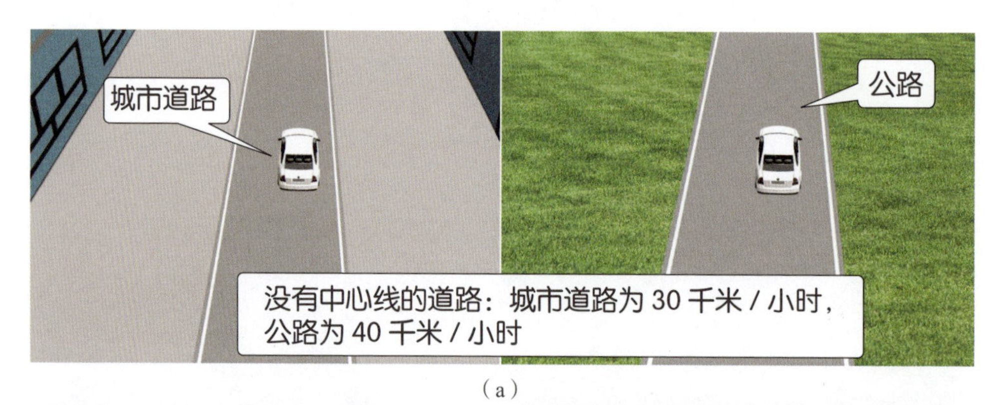

（a）

（b）

图 1-8　限速规定

机动车在行驶中遇有下列情形之一的，最高行驶速度不得超过30千米/小时：

❶ 进出非机动车道，通过铁道路口、急弯路、窄路、窄桥时；

❷ 掉头、转弯、下陡坡时；

❸ 遇雾、雨、雪、沙尘、冰雹，能见度在50米以内时；

❹ 在冰雪、泥泞的道路上行驶时；

❺ 牵引发生故障的机动车时。

（3）超车规定

超车相关规定如图1-9所示。

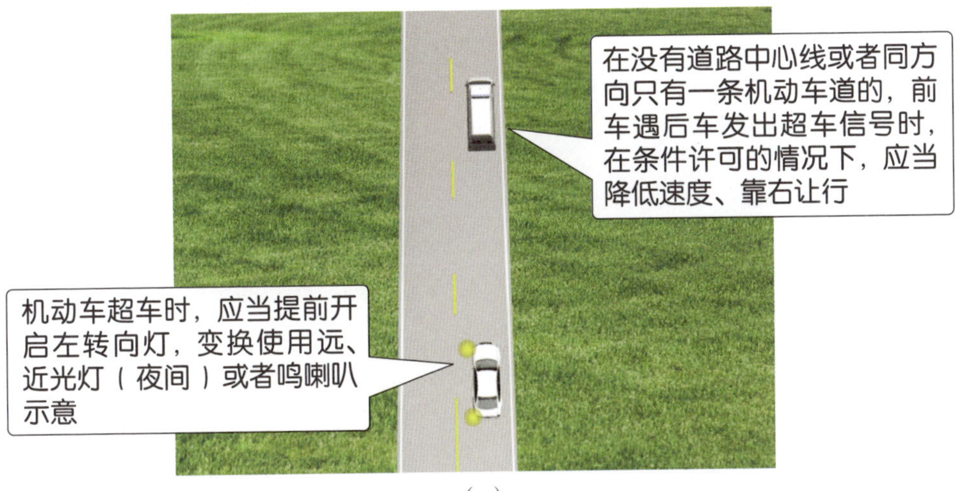

（a）

（b）

图1-9

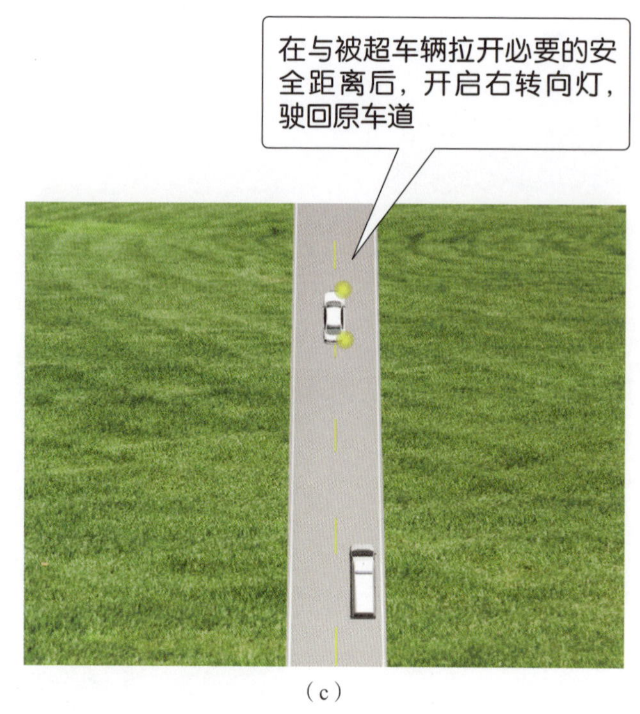

（c）

图 1-9　超车规定

（4）会车规定

在没有中心隔离设施或者没有中心线的道路上，机动车遇相对方向来车时应当遵守如图 1-10 所示的相关规定。

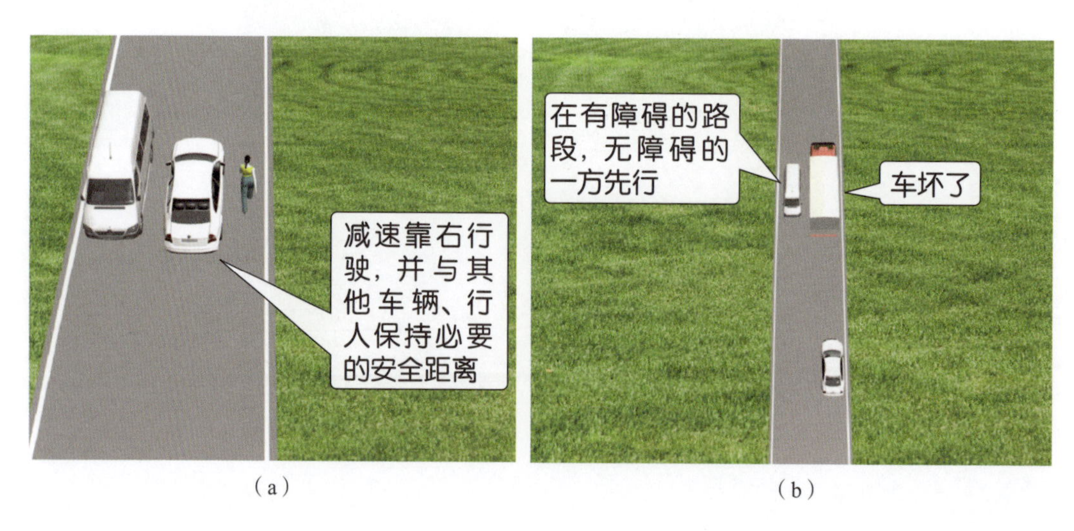

（a）　　（b）

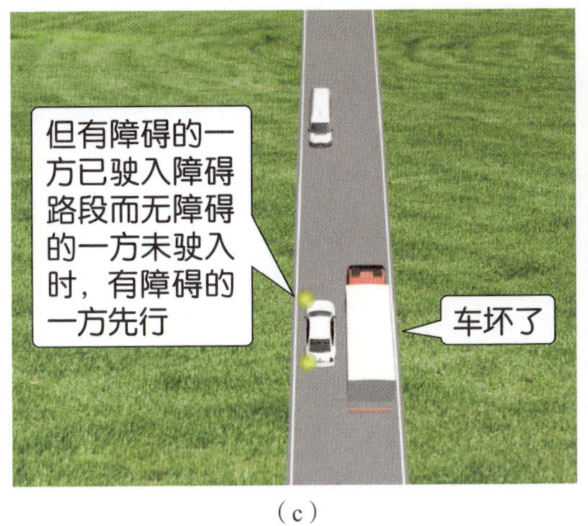

（c）

（d）

但下坡的一方已行至中途而上坡的一方未上坡时，下坡的一方先行

（e）

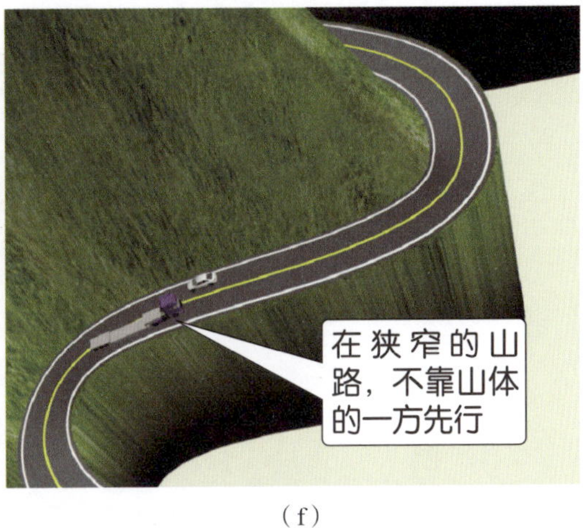

（f）

夜间会车应在距相对方向来车 150 米以外改用近光灯，在窄路、窄桥与非机动车会车时应当使用近光灯

（g）

图 1-10　会车规定

（5）掉头规定

掉头相关规定如图 1-11 所示。

（a）

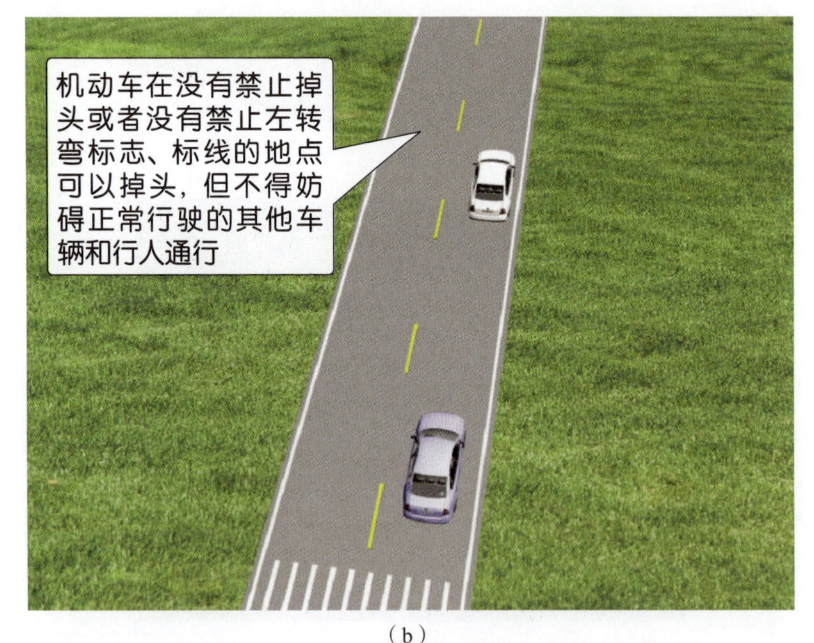

（b）

图 1-11 掉头规定

（6）倒车规定

倒车相关规定如图1-12所示。

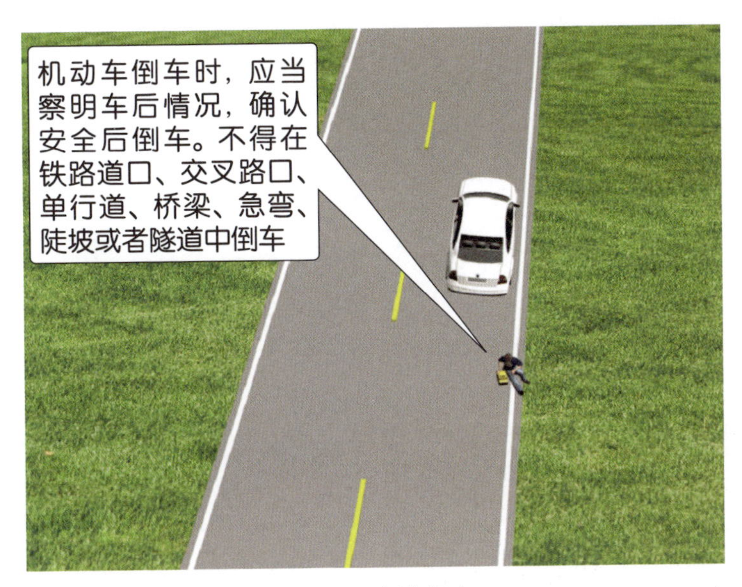

图1-12　倒车规定

（7）通过有交通信号灯控制的交叉路口

机动车通过有交通信号灯控制的交叉路口，应当按照图1-13所示的规定通行。

（a）

图1-13

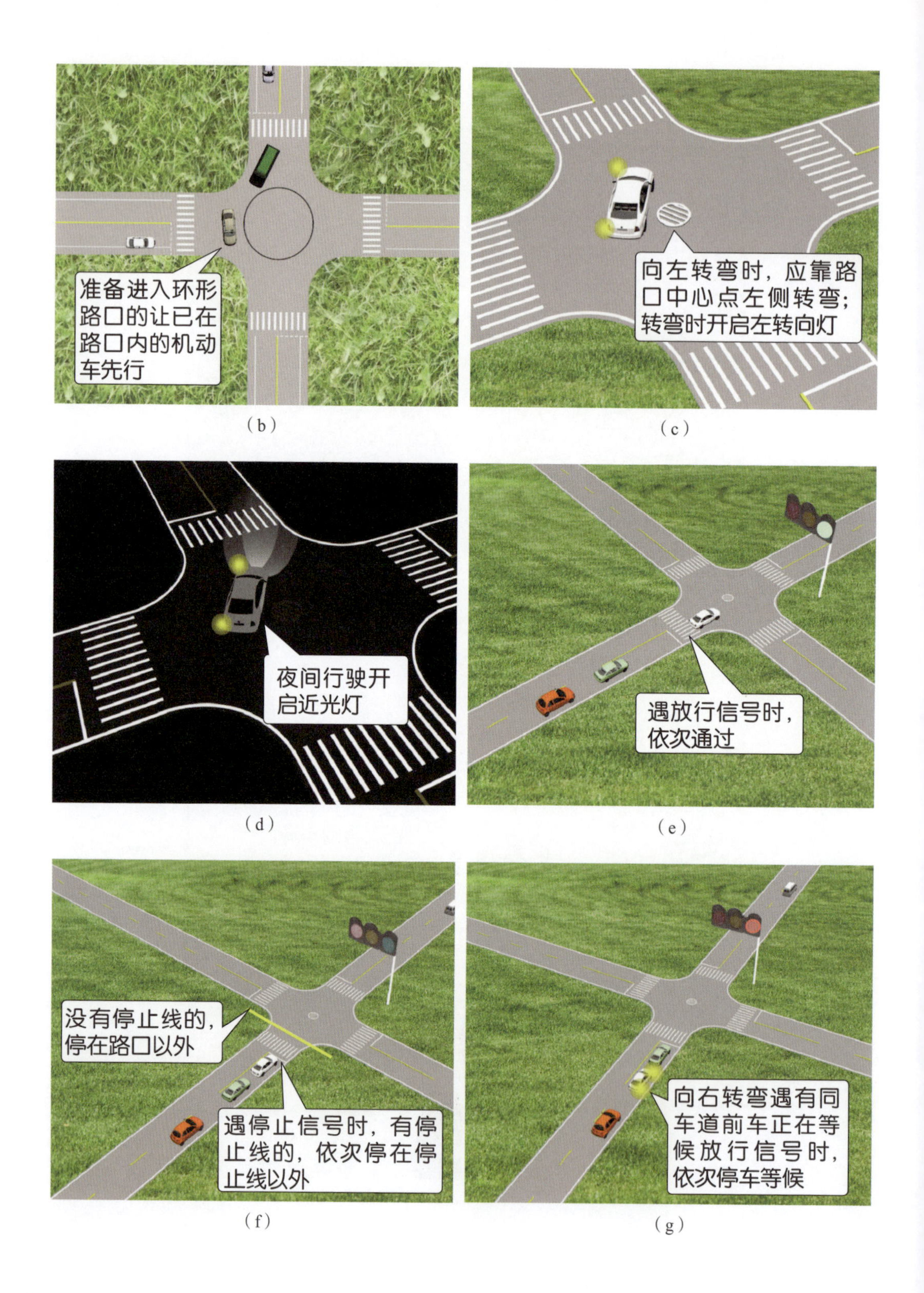
准备进入环形路口的让已在路口内的机动车先行
向左转弯时，应靠路口中心点左侧转弯；转弯时开启左转向灯
夜间行驶开启近光灯
遇放行信号时，依次通过
没有停止线的，停在路口以外
遇停止信号时，有停止线的，依次停在停止线以外
向右转弯遇有同车道前车正在等候放行信号时，依次停车等候

（b）（c）（d）（e）（f）（g）

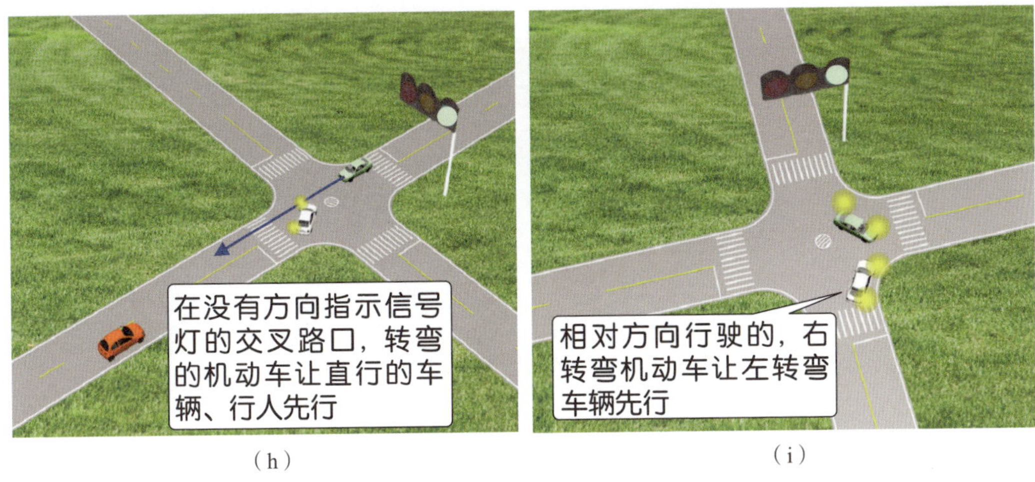

（h）　　（i）

图 1-13　通过有交通信号灯控制的交叉路口

（8）通过无交通信号灯控制也没有交通警察指挥的交叉路口

机动车通过没有交通信号灯控制也没有交通警察指挥的交叉路口，应当遵守图1-14所示的相关规定。

（a）

图 1-14

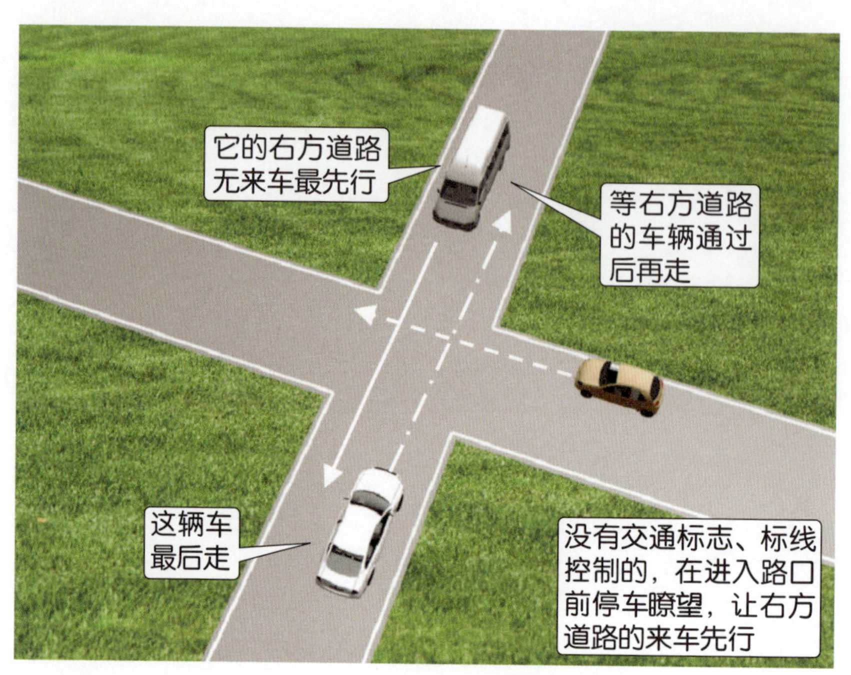
它的右方道路
无来车最先行
等右方道路
的车辆通过
后再走
这辆车
最后走
没有交通标志、标线
控制的，在进入路口
前停车瞭望，让右方
道路的来车先行

（b）

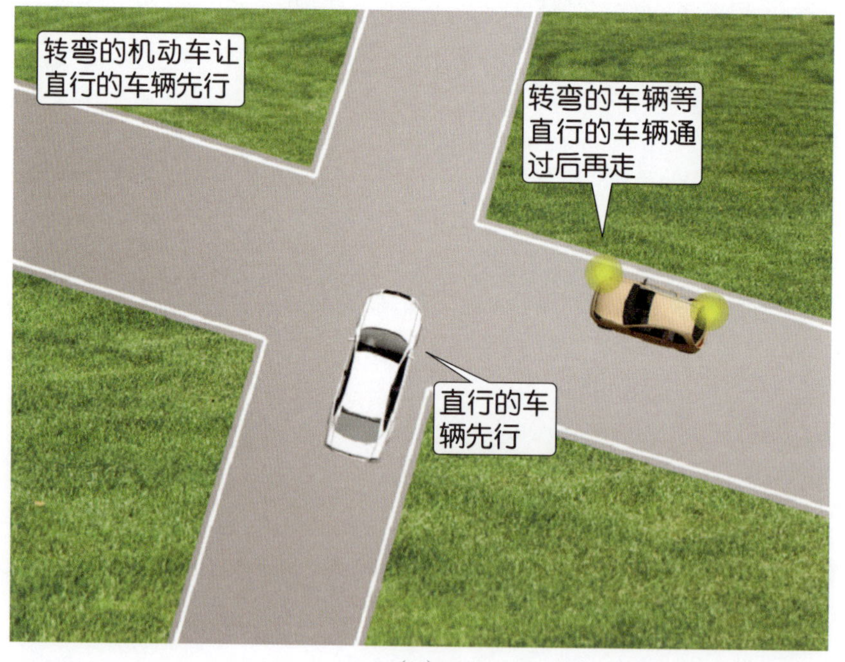
转弯的机动车让
直行的车辆先行
转弯的车辆等
直行的车辆通
过后再走
直行的车
辆先行

（c）

（d）

图 1-14　通过无交通信号灯控制也没有交通警察指挥的交叉路口

（9）堵车时的规定

堵车时的相关规定如图1-15所示。

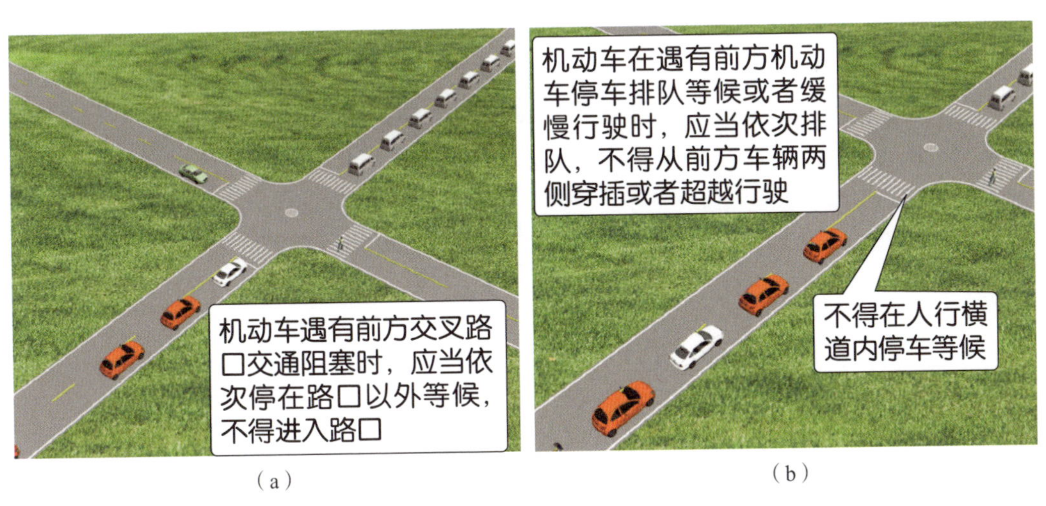

（a）　（b）

图 1-15

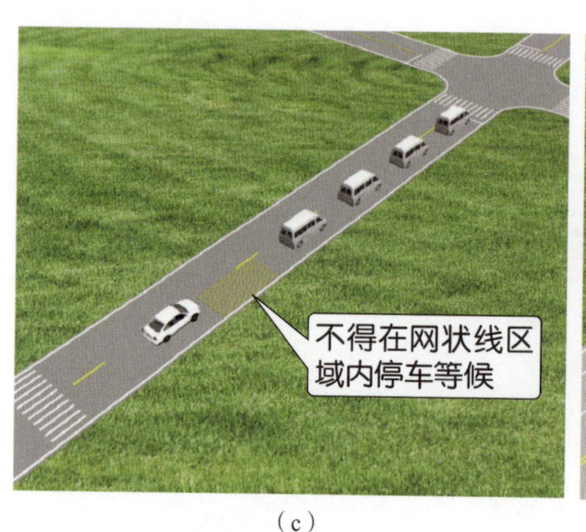

（c）

（d）

图 1-15　堵车时的规定

（10）牵引挂车规定

小型载客汽车牵引挂车规定如图1-16所示。

图 1-16　牵引挂车规定

（11）灯光使用规定

机动车应当按照图1-17所示的相关规定使用转向灯。

机动车在夜间通过急弯、坡路、拱桥、人行横道或者没有交通信号灯控制的路口时，应当交替使用远近光灯示意。如图1-18所示。

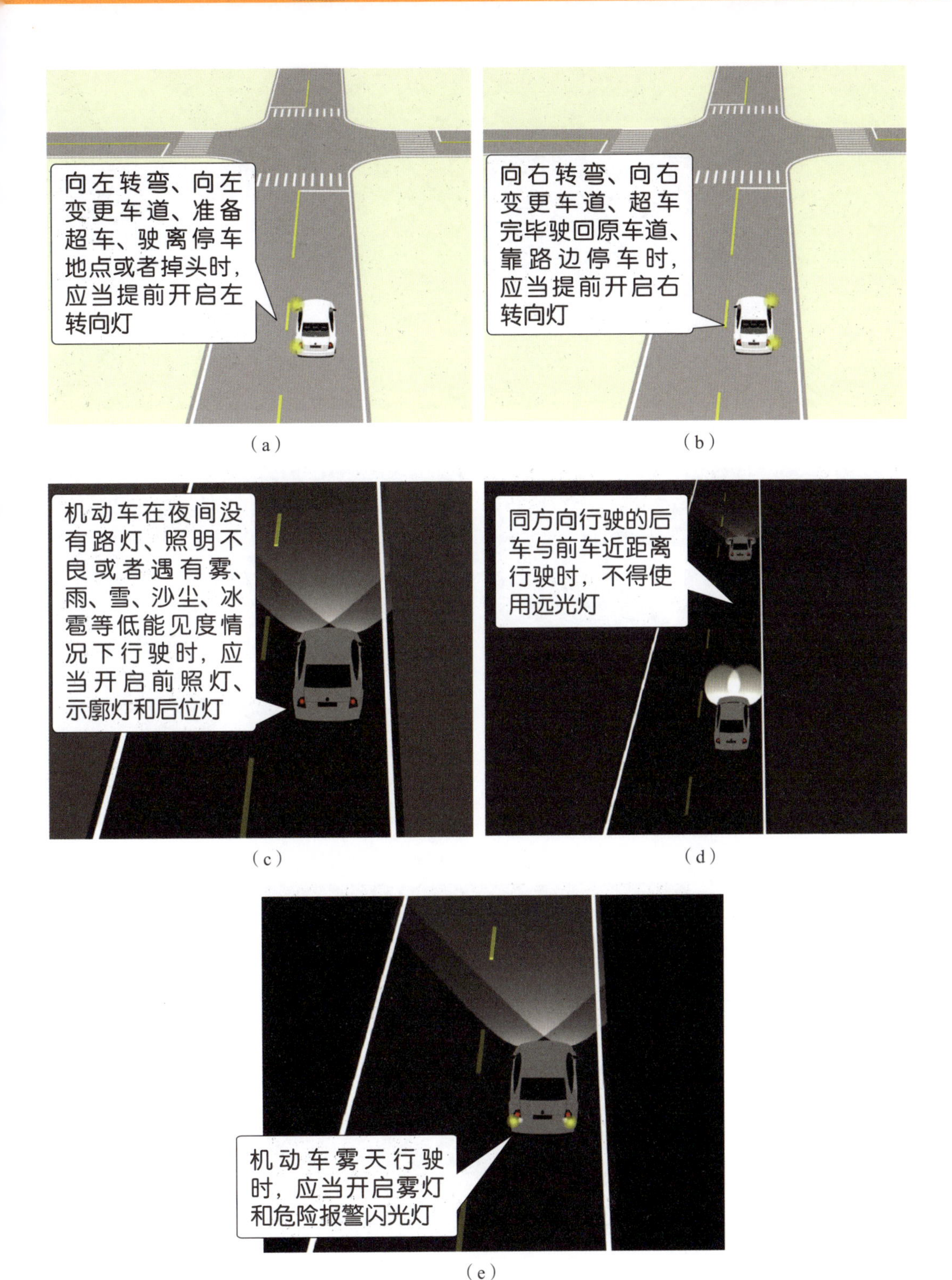

（a）（b）（c）（d）（e）

图 1-17 灯光使用规定（一）

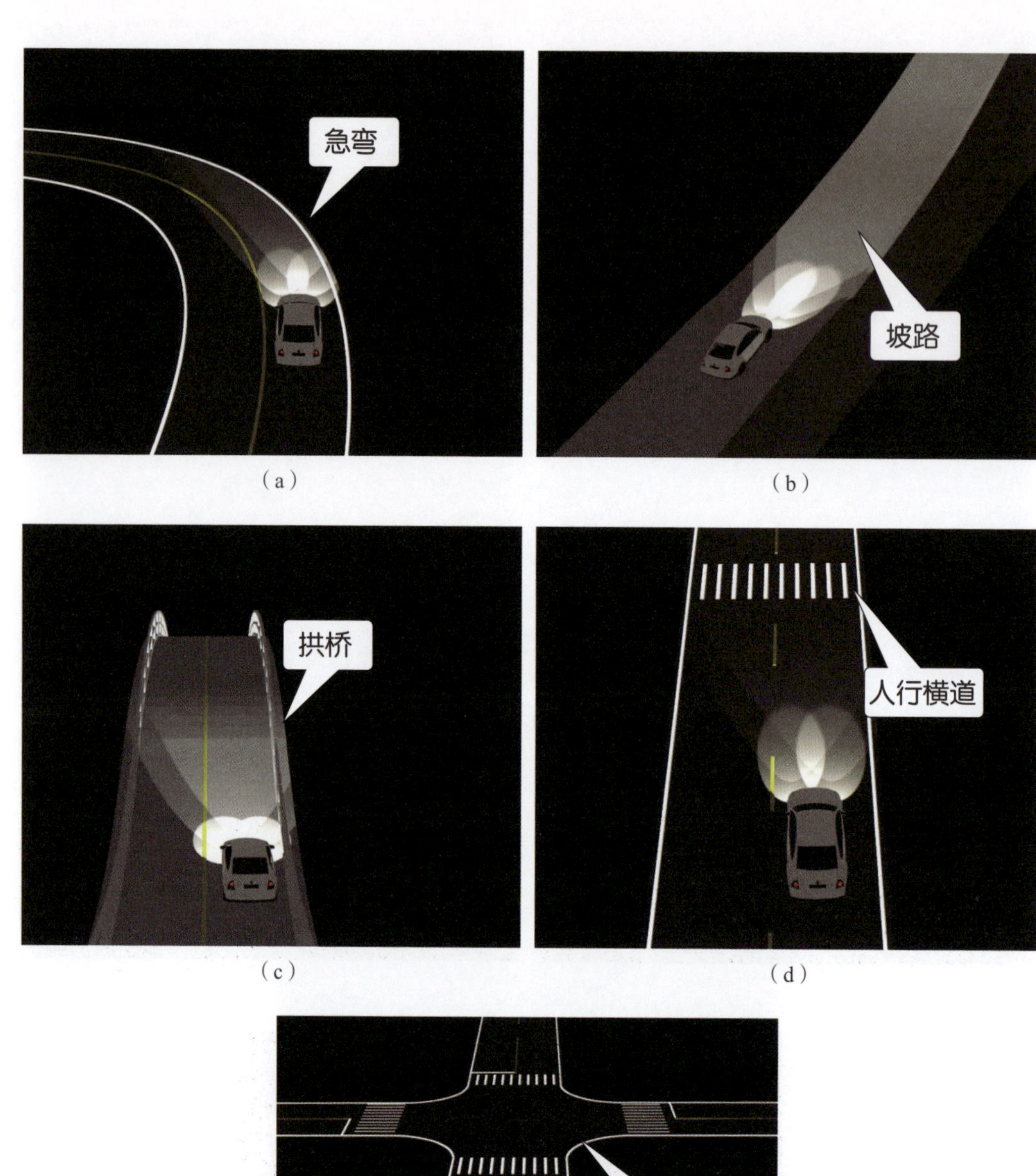

（a）　（b）

（c）　（d）

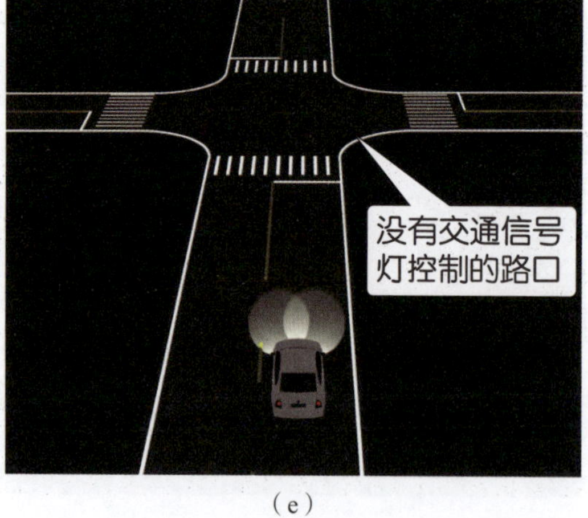

（e）

图 1-18　灯光使用规定（二）

（12）在道路上发生故障或交通事故时的规定

在道路上发生故障或交通事故时的规定如图1-19所示。

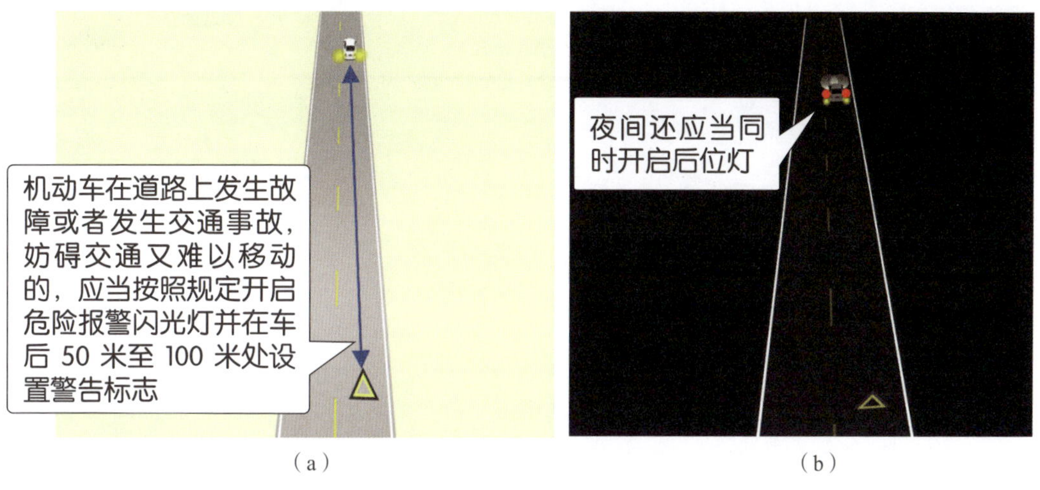

（a）　　（b）

图1-19　在道路上发生故障或交通事故时的规定

（13）机动车安全驾驶行为规定

驾驶机动车不得有以下行为：

1. 拨打接听手持电话、观看电视等妨碍安全驾驶的行为；
2. 下陡坡时熄火或者空挡滑行；
3. 连续驾驶机动车超过4小时未停车休息或者停车休息时间少于20分钟；
4. 在禁止鸣喇叭的区域或者路段鸣喇叭。

除以上4种行为外，图1-20所示的各种行为也是禁止或者危险的。

（a）

图1-20

（b）

（c）

图 1-20　禁止或危险的行为

（14）临时停车规定

机动车在道路上临时停车，应当遵守图 1-21 所示的相关规定。

（a）

（b）

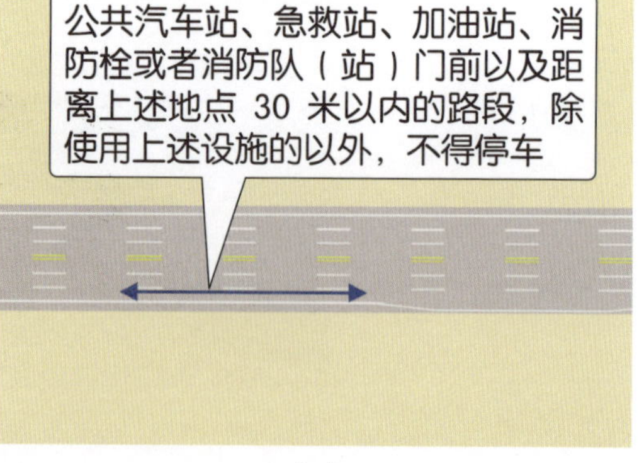

（c）

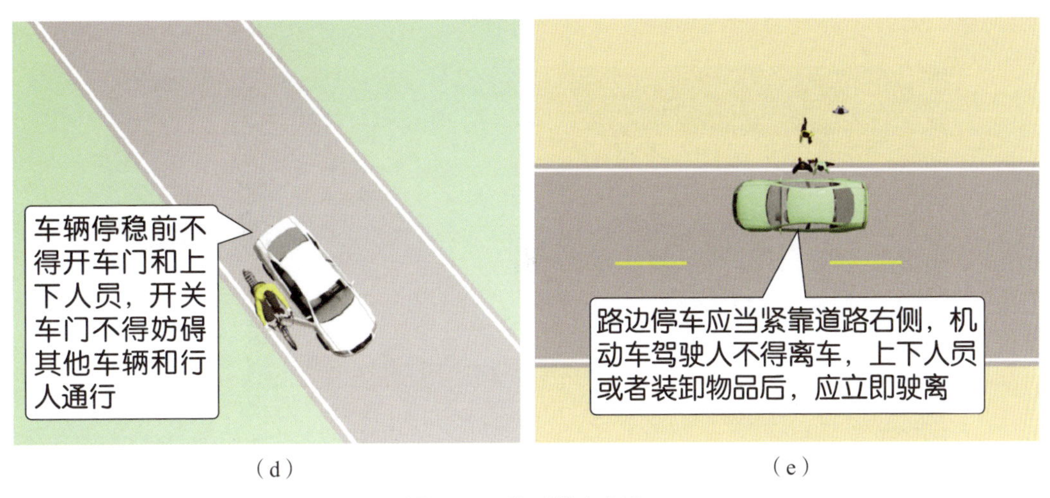

（d）　　（e）

图 1-21　临时停车规定

（15）高速公路特别规定

❶ 高速公路上的行驶速度规定如图 1-22 所示。

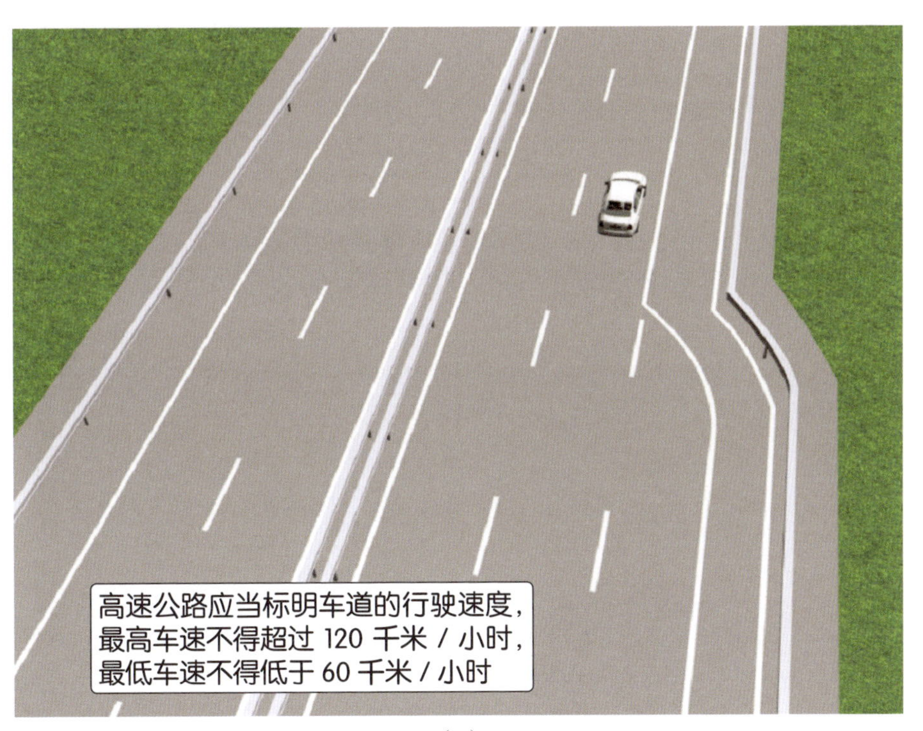

（a）

图 1-22

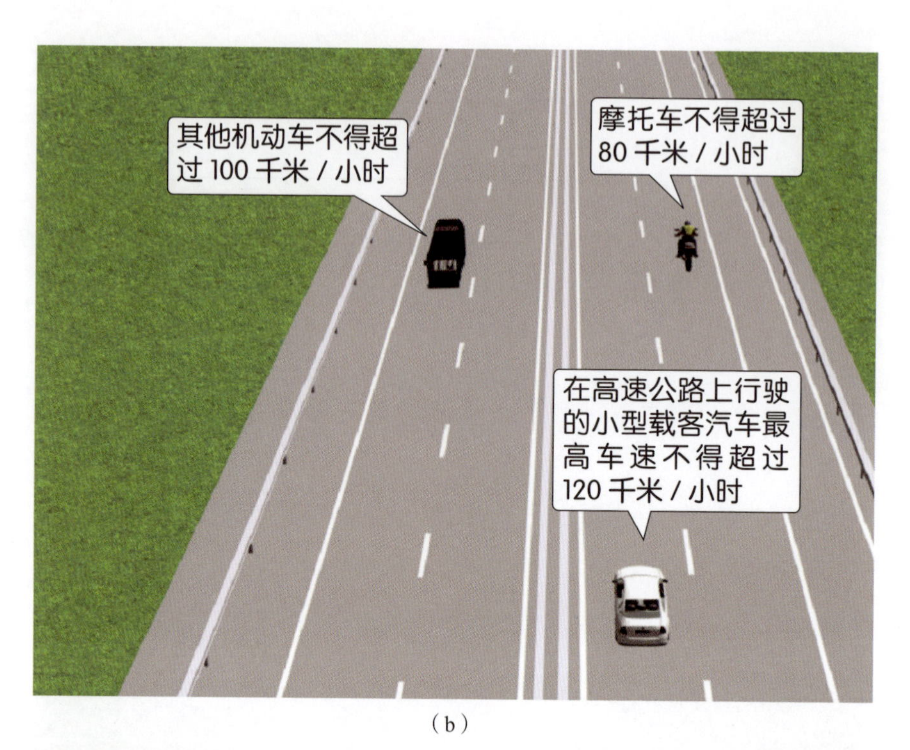
其他机动车不得超过 100 千米 / 小时
摩托车不得超过 80 千米 / 小时
在高速公路上行驶的小型载客汽车最高车速不得超过 120 千米 / 小时

（b）

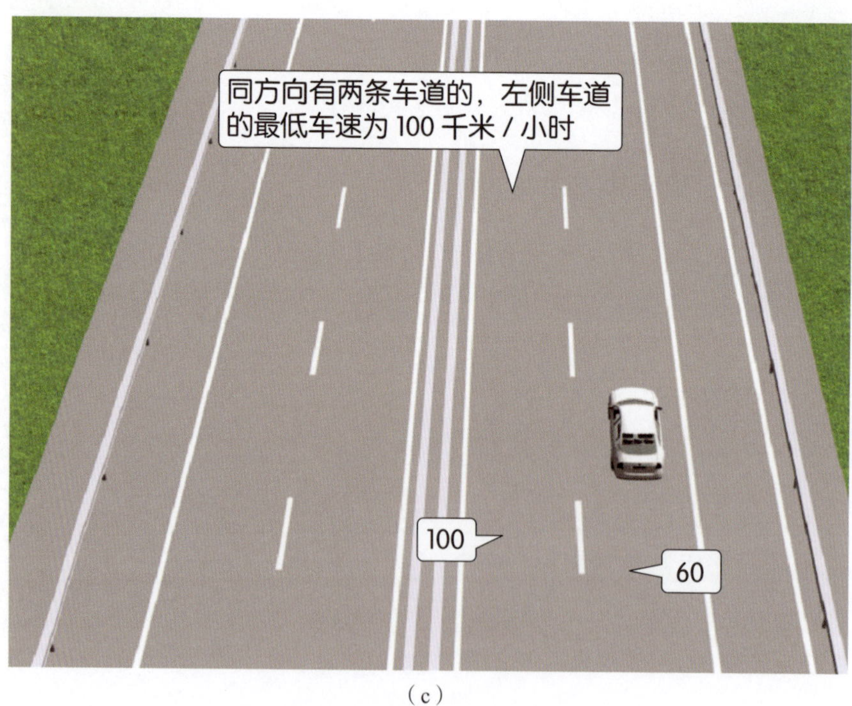
同方向有两条车道的，左侧车道的最低车速为 100 千米 / 小时
100
60

（c）

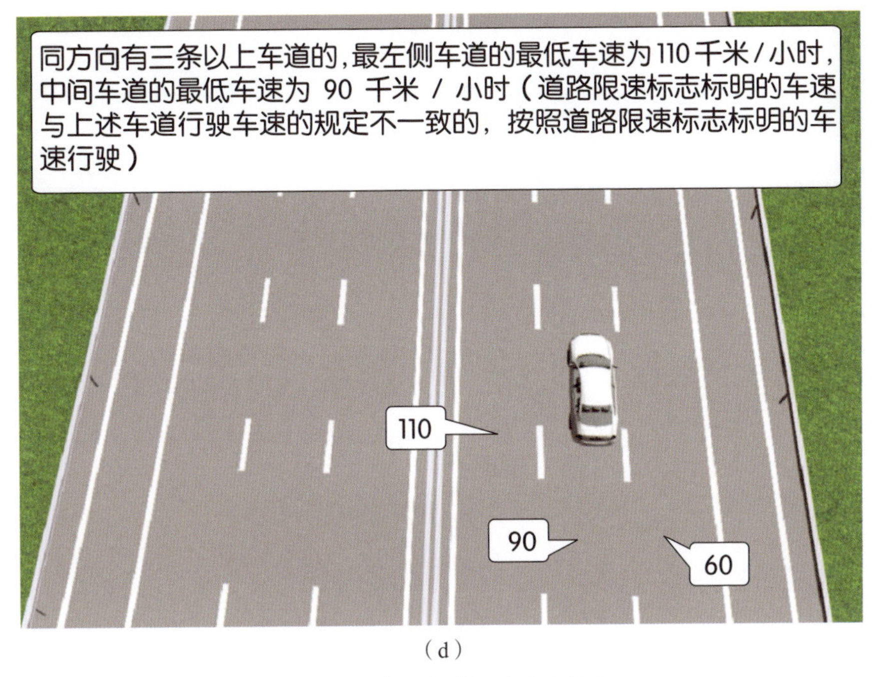

（d）

图 1-22　高速公路行驶速度规定

❷ 驶入和驶离高速公路的相关规定如图 1-23 所示。

（a）

图 1-23

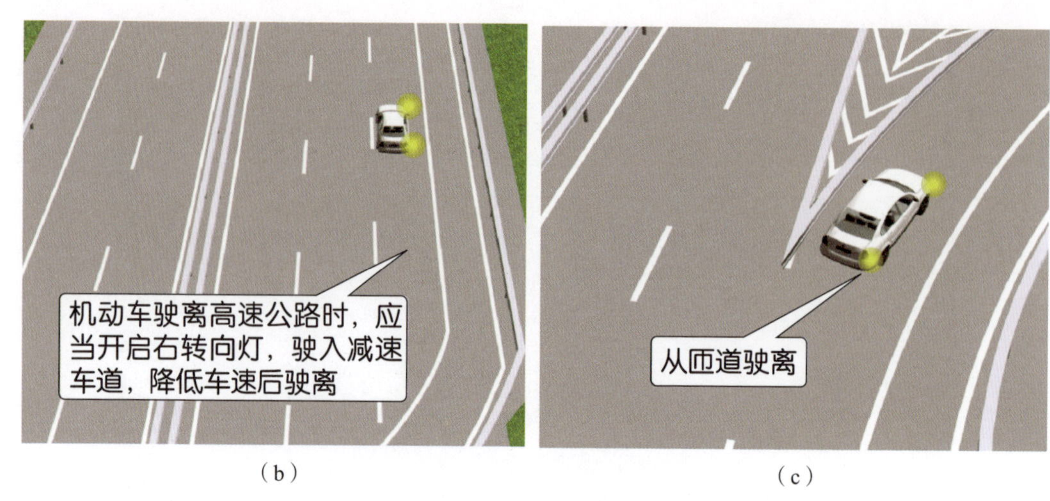

（b）　　　　　　　　（c）

图 1-23　驶入和驶离高速公路的规定

❸ 在高速公路上行驶时的车距规定如图 1-24 所示。

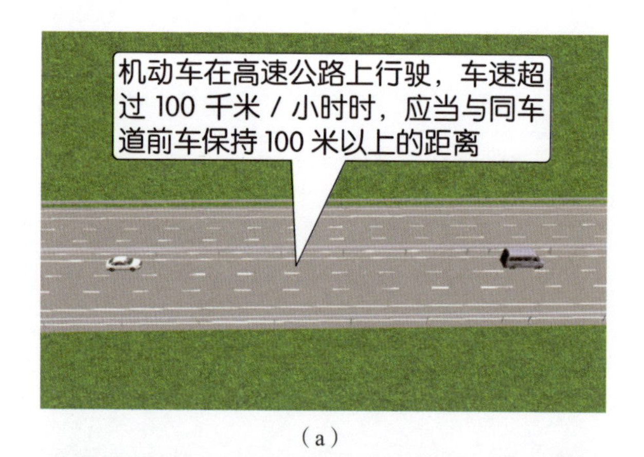

（a）

车速低于 100 千米 / 小时时，与同车道前车距离可以适当缩短，但最小距离不得少于 50 米

（b）

图 1-24　高速公路行驶车距规定

❹ 机动车在高速公路上行驶，遇有雾、雨、雪、沙尘、冰雹等低能见度气象条件时，应当遵守如图1-25所示的相关规定。

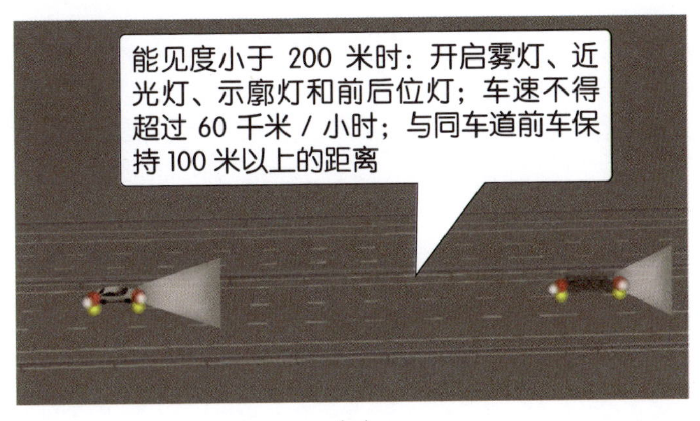

（a）

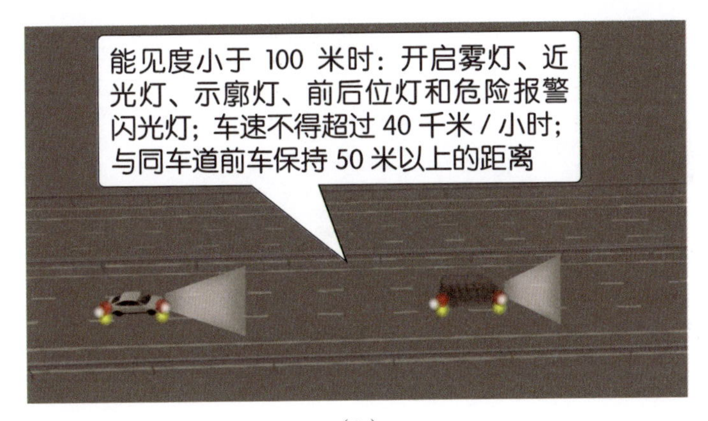

（b）

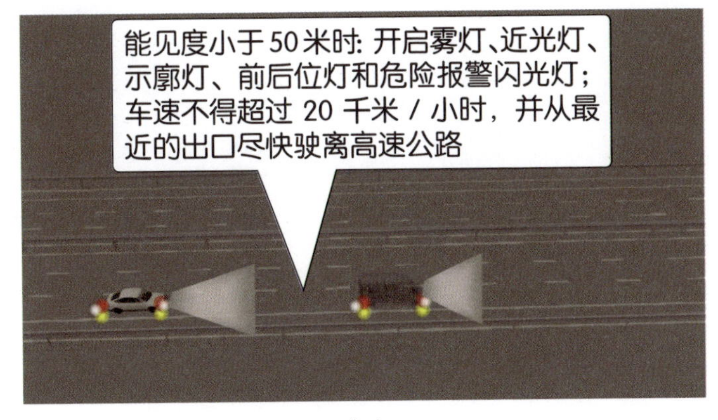

（c）

图 1-25　高速公路上恶劣条件行驶规定

5 机动车在高速公路上行驶时，**禁止的行为如下**。

a. 倒车、逆行、穿越中央分隔带掉头或者在车道内停车，如图1-26所示。

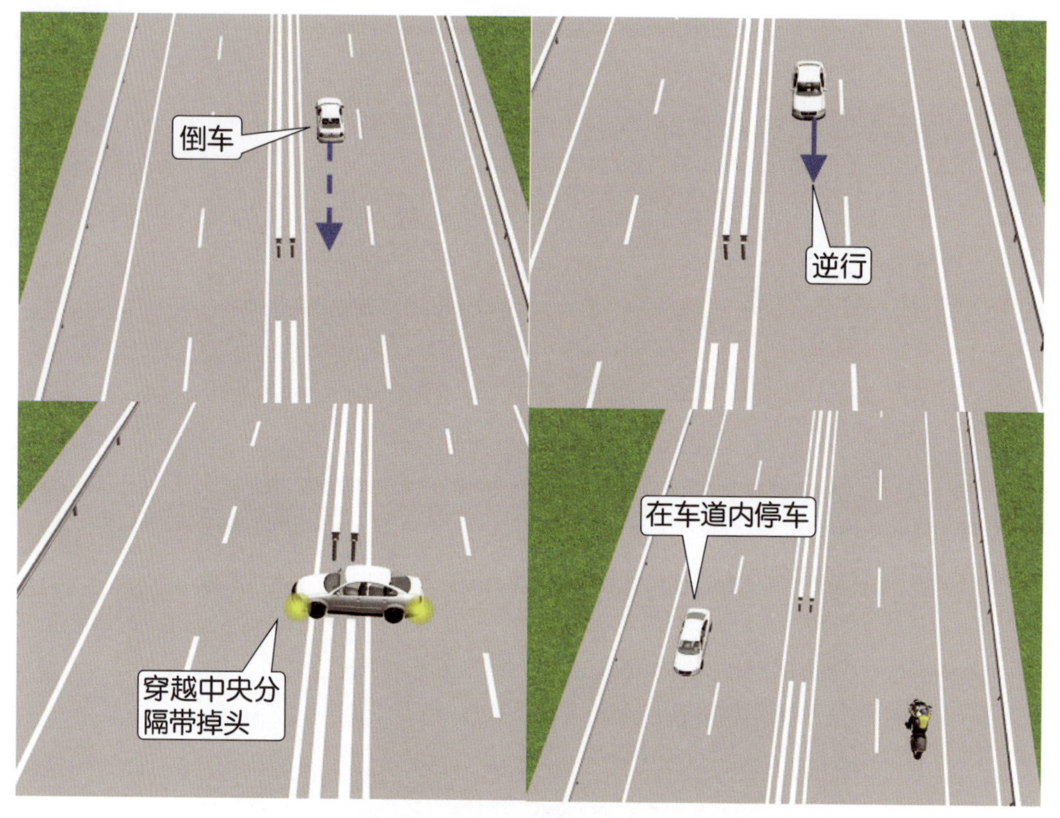

图 1-26 高速公路禁止行为（一）

b. 在匝道、加速车道或者减速车道上超车，如图1-27所示。

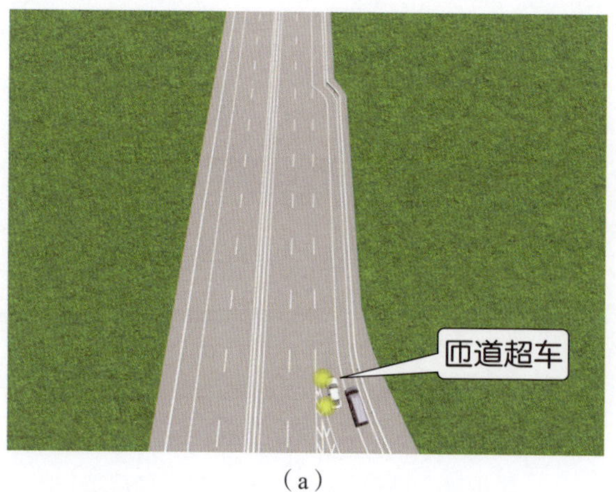

（a）

（b）　　（c）

图 1-27　高速公路禁止行为（二）

c. 禁止在高速公路上试车或者学习驾驶机动车。

d. 其他禁止行为，如图1-28所示。

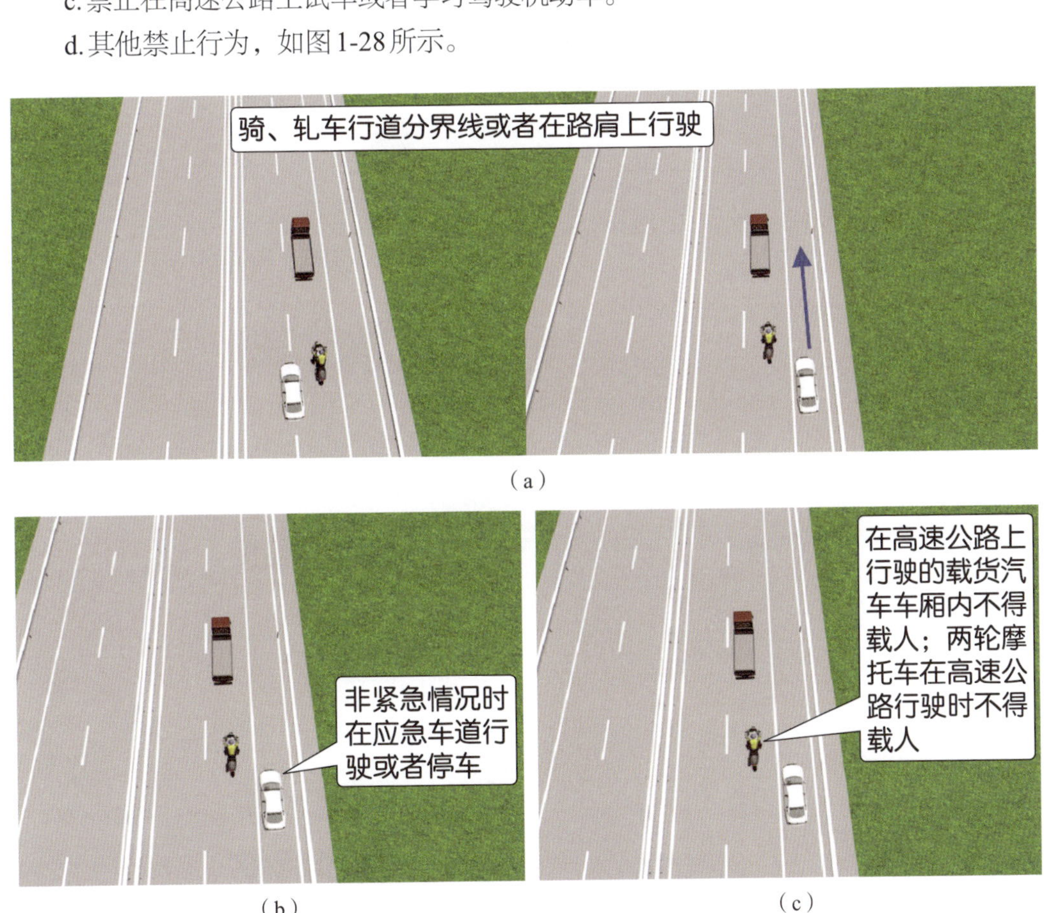

（a）

（b）　　（c）

图 1-28　高速公路禁止行为（三）

（16）施工路段行驶规定

施工路段行驶规定如图 1-29 所示。

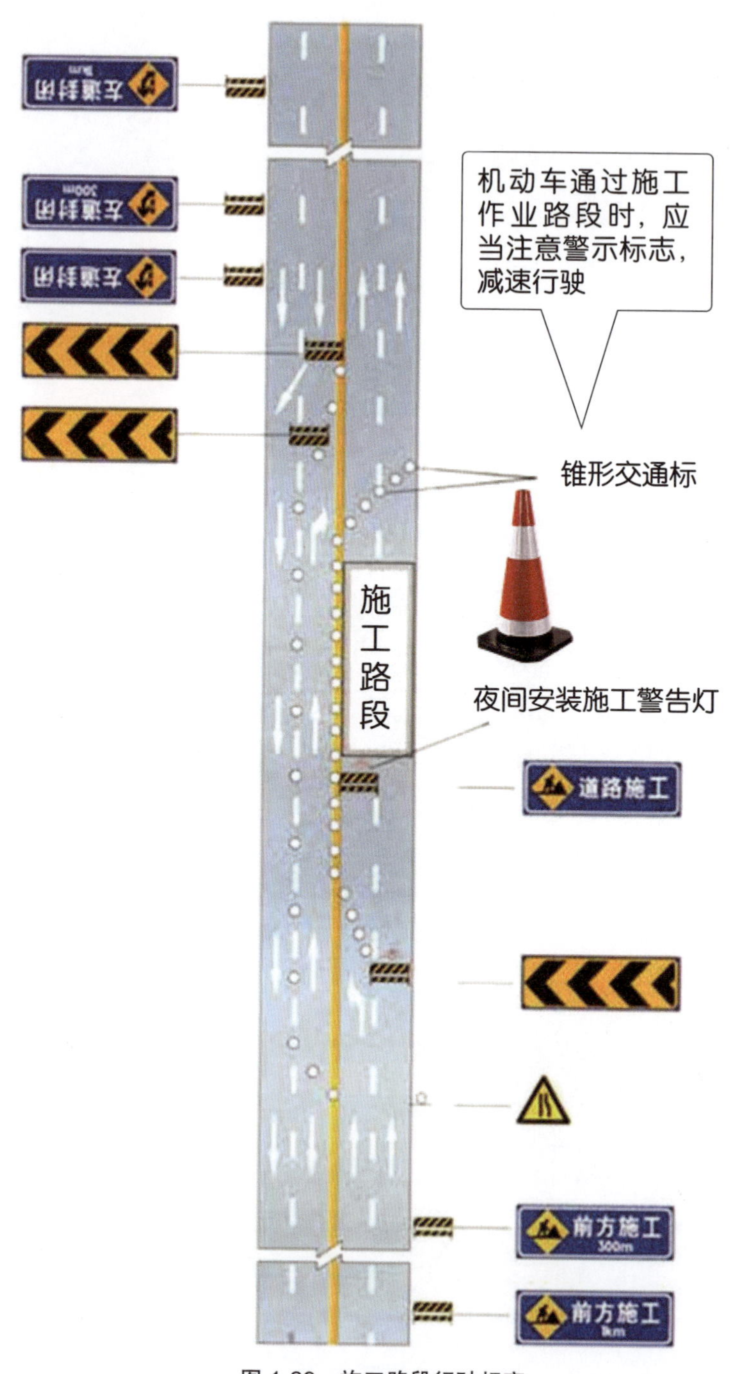

图 1-29　施工路段行驶规定

1.4 交通信号

1.4.1 交通标志

交通标志按功能可分为指示标志、警告标志、禁令标志、指路标志、旅游区标志、道路施工安全标志、辅助标志七类。

（1）指示标志

指示车辆、行人行进的标志。

 直行 表示一切车辆只准直行	 向左转弯 表示一切车辆只准向左转弯	 向右转弯 表示一切车辆只准向右转弯
 直行和向左转弯 表示一切车辆只准直行和向左转弯	 直行和向右转弯 表示一切车辆只准直行和向右转弯	 向左和向右转弯 表示一切车辆只准向左和向右转弯
 靠右侧道路行驶 表示一切车辆只准靠右侧行驶	 靠左侧道路行驶 表示一切车辆只准靠左侧行驶	 立体交叉直行和左转弯行驶 表示一切车辆在立体交叉处可以直行和按图示路线左转弯行驶
 立体交叉直行和右转弯行驶 表示一切车辆在立体交叉处可以直行和按图示路线右转弯行驶	 环岛行驶 表示一切车辆只准靠右环行	 单行路（直行） 表示该道路为单向行驶，已进入车辆应依标志指示方向行车

 最低限速 表示机动车驶入前方道路的最低时速限制	 路口优先通行 表示交叉口主要道路上车辆享有优先通行权利	 会车先行 表示车辆在会车时享有优先通行权利
 人行横道 表示该处为人行横道	 掉头车道 表示车道的行驶方向	 掉头和左转合用车道 表示车道的行驶方向
 右转车道 表示车道的行驶方向	 直行车道 表示车道的行驶方向	 直行和右转合用车道 表示车道的行驶方向
 直行和左转合用车道 表示车道的行驶方向	 左转车道 表示车道的行驶方向	 公交线路专用车道 表示该车道专供本线路行驶的公交车辆行驶
 非机动车车道 表示该车道只供非机动车行驶	 快速公交系统专用车道 表示该车道专供 BRT 车辆行驶	 停车位 表示机动车允许停放的区域

 停车位 表示机动车允许停放的区域	 停车位 表示机动车允许停放的区域	 停车位 表示机动车允许停放的区域

（2）警告标志

警告车辆和行人注意危险地点的标志。

 交叉路口 用以警告车辆驾驶人谨慎慢行， 注意横向来车	 交叉路口 用以警告车辆驾驶人谨慎慢行， 注意横向来车	 交叉路口 用以警告车辆驾驶人谨慎慢行， 注意横向来车
 交叉路口 用以警告车辆驾驶人谨慎慢行， 注意横向来车	 交叉路口 用以警告车辆驾驶人谨慎慢行， 注意横向来车	 交叉路口 用以警告车辆驾驶人谨慎慢行， 注意横向来车
 交叉路口 用以警告车辆驾驶人谨慎慢行， 注意横向来车	 交叉路口 用以警告车辆驾驶人谨慎慢行， 注意横向来车	 交叉路口 用以警告车辆驾驶人谨慎慢行， 注意横向来车
 交叉路口 用以警告车辆驾驶人谨慎慢行， 注意横向来车	 向右急转弯 用以警告车辆驾驶人减速慢行	 向左急转弯 用以警告车辆驾驶人减速慢行

 反向弯路 用以警告车辆驾驶人减速慢行	 反向弯路 用以警告车辆驾驶人减速慢行	 连续弯路 用以警告车辆驾驶人减速慢行
 上坡路 用以提醒车辆驾驶人小心驾驶	 下坡路 用以提醒车辆驾驶人小心驾驶	 连续下坡 用以提醒车辆驾驶人小心驾驶
 两侧变窄 用以警告车辆驾驶人注意前方车行道或路面狭窄情况，遇有来车应予减速避让	 右侧变窄 用以警告车辆驾驶人注意前方车行道或路面狭窄情况，遇有来车应予减速避让	 左侧变窄 用以警告车辆驾驶人注意前方车行道或路面狭窄情况，遇有来车应予减速避让
 窄桥标志 用以警告车辆驾驶人注意前方桥面宽度变窄，应谨慎驾驶	 易滑标志 用以提醒车辆驾驶人注意慢行	 双向交通标志 用以提醒车辆驾驶人注意会车
 注意行人标志 用以警告车辆驾驶人减速慢行，注意行人	 注意儿童标志 用以警告车辆驾驶人减速慢行，注意儿童	 注意牲畜标志 用以提醒车辆驾驶人注意慢行

 渡口标志 用以提醒车辆驾驶人谨慎驾驶	 注意野生动物 用以提醒车辆驾驶人注意慢行	 注意信号灯 用以警告车辆驾驶人注意前方路段设有信号灯，应依信号灯指示行车
 村庄标志 用以提醒车辆驾驶人小心驾驶	 注意落石标志 用以提醒车辆驾驶人注意落石	 注意落石标志 用以提醒车辆驾驶人注意落石
 注意横风标志 用以提醒车辆驾驶人小心驾驶	 傍山险路标志 用以提醒车辆驾驶人小心驾驶	 傍山险路标志 用以提醒车辆驾驶人小心驾驶
 堤坝路 用以提醒车辆驾驶人小心驾驶	 堤坝路 用以提醒车辆驾驶人小心驾驶	 隧道标志 用以提醒车辆驾驶人注意慢行
 驼峰桥 用以提醒车辆驾驶人谨慎驾驶	 路面不平 用以提醒车辆驾驶人减速慢行	 路面高突 用以提醒车辆驾驶人减速慢行

 路面低洼标志 用以提醒车辆驾驶人减速慢行。设在路面突然低洼以前适当位置	 过水路面 用以提醒车辆驾驶人谨慎慢行	 有人看守铁道路口 用以警告车辆驾驶人注意慢行或及时停车
 无人看守铁道路口 用以警告车辆驾驶人注意慢行或及时停车	 叉形符号 用以警告车辆驾驶人注意慢行或及时停车	 注意非机动车 用以提醒车辆驾驶人注意慢行
 注意残疾人 用以提醒车辆驾驶人减速慢行，注意残疾人	 事故易发路段 用以告示前方道路为事故易发路段，谨慎驾驶	 慢行 用以提醒车辆驾驶人减速慢行
 右侧绕行 用以告示前方道路有障碍物，车辆应按标志指示减速慢行	 左侧绕行 用以告示前方道路有障碍物，车辆应按标志指示减速慢行	 左右绕行 用以告示前方道路有障碍物，车辆应按标志指示减速慢行
 注意危险 用以提醒车辆驾驶人谨慎驾驶	 施工 用以告示前方道路施工，车辆应减速慢行或绕道行驶	 建议减速 用以提醒车辆驾驶人以建议的速度行驶。设在弯道、出口、匝道的适当位置

隧道开车灯
用以警告车辆驾驶人进入隧道打开前照灯行驶

注意潮汐车道
用以警告车辆驾驶人注意前方为潮汐车道

避险车道
设置了避险车道的道路上，在其前方适当位置应至少设置一块避险车道标志

避险车道
设置了避险车道的道路上，在其前方适当位置应至少设置一块避险车道标志

避险车道
设置了避险车道的道路上，在其前方适当位置应至少设置一块避险车道标志

注意合流
用以警告车辆驾驶人注意前方有车辆汇合进来

注意合流
用以警告车辆驾驶人注意前方有车辆汇合进来

十字平面交叉
用以警告车辆驾驶人注意前方平面交叉的被交道路是分离式道路

丁字平面交叉
用以警告车辆驾驶人注意前方平面交叉的被交道路是分离式道路

注意前方车辆排队
用以警告车辆驾驶人注意前方车辆排队

注意保持车距
用以警告车辆驾驶人注意和前车保持安全距离

注意不利气象条件
用以警告车辆驾驶人注意不利气象条件，谨慎驾驶

注意雨（雪）天
用以警告车辆驾驶人注意雨（雪）天，谨慎驾驶

注意路面结冰
用以警告车辆驾驶人注意路面结冰，谨慎驾驶

注意雾天
用以警告车辆驾驶人注意雾天，谨慎驾驶

（3）禁令标志

禁止或限制车辆、行人交通行为的标志。

 停车让行 表示车辆应在停止线前停车瞭望，确认安全后方可通行	 减速让行 表示车辆应减速让行，告示车辆驾驶人应慢行或停车，观察干道行车情况，在确保干道车辆优先、确保安全的前提下，方可进入路口	 会车让行 表示车辆会车时，应停车让对方车先行
 禁止通行 表示禁止一切车辆和行人通行	 禁止驶入 表示禁止一切车辆驶入	 禁止机动车驶入 表示禁止各类机动车驶入
 禁止载货汽车驶入 表示禁止载货汽车驶入	 禁止电动三轮车驶入 表示禁止电动三轮车驶入	 禁止大型客车驶入 表示禁止大型客车驶入
 禁止小型客车驶入 表示禁止小型客车驶入	 禁止挂车、半挂车驶入 表示禁止挂车、半挂车驶入	 禁止拖拉机驶入 表示前方禁止各类拖拉机驶入

 禁止三轮汽车、低速货车驶入 表示禁止三轮汽车、低速货车驶入	 禁止摩托车驶入 表示禁止摩托车驶入	 禁止标志上所示的两种车辆驶入 表示禁止标志上所示的两种车辆驶入
 禁止各类非机动车进入 表示禁止各类非机动车进入	 禁止畜力车进入 表示禁止畜力车进入	 禁止人力货运三轮车进入 表示禁止人力货运三轮车进入
 禁止人力客运三轮车进入 表示禁止人力客运三轮车进入	 禁止人力车进入 表示禁止人力车进入	 禁止行人进入 表示禁止行人进入
 禁止向右转弯 表示前方路口禁止一切车辆向右转弯	 禁止向左转弯 表示前方路口禁止一切车辆向左转弯	 禁止小客车向右转弯 表示前方路口禁止小客车向右转弯
 禁止载货汽车左转 表示前方路口禁止载货汽车向左转弯	 禁止直行 表示前方路口禁止一切车辆直行	 禁止向左向右转弯 表示前方路口禁止一切车辆向左和向右转弯

禁止直行和向右转弯
表示前方路口禁止一切车辆直行和向右转弯

禁止直行和向左转弯
表示前方路口禁止一切车辆直行和向左转弯

禁止掉头
表示禁止机动车掉头

禁止超车
表示该标志至前方解除禁止超车标志的路段内，不允许机动车超车

解除禁止超车
表示禁止超车路段结束

禁止停车
表示在限定的范围内，禁止一切车辆停放

禁止长时停车
表示在限定的范围内，禁止一切车辆长时间停放，临时停车不受限制

禁止鸣喇叭
表示禁止车辆鸣喇叭

限制宽度
表示禁止装载宽度超过标志所示数值的车辆通行

限制高度
表示禁止装载高度超过标志所示数值的车辆通行

限制质量
表示禁止总质量超过标志所示数值的车辆通行

限制轴重
表示禁止轴重超过标志所示数值的车辆通行

 限制速度 表示该标志至前方解除限制速度标志或另一块不同限速值的限制速度标志的路段内，机动车行驶速度（单位为 km/h）不准超过标志所示数值	 解除限制速度 表示限制速度路段结束	 停车检查 表示机动车应停车接受检查
 禁止运输危险物品车辆驶入 表示禁止运输危险物品车辆驶入	 海关 表示道路前方是海关，所有机动车应停车后方可通过	 区域禁止停车 表示该区域内禁止长时间停车

（4）指路标志

传递道路方向、地点、距离的标志。

 箭头杆上标识公路编号、道路名称的公路交叉路口预告	 箭头杆上标识公路编号、道路名称的公路交叉路口预告	 十字交叉路口
 十字交叉路口	 十字交叉路口	 十字交叉路口
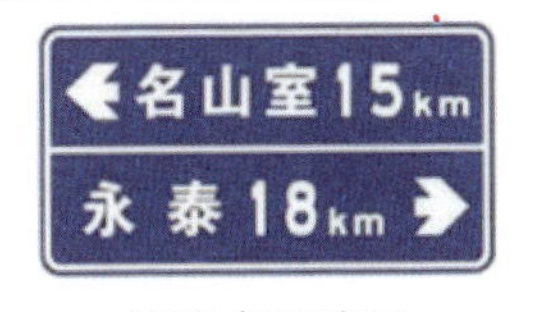 丁字交叉路口	 丁字交叉路口	 丁字交叉路口

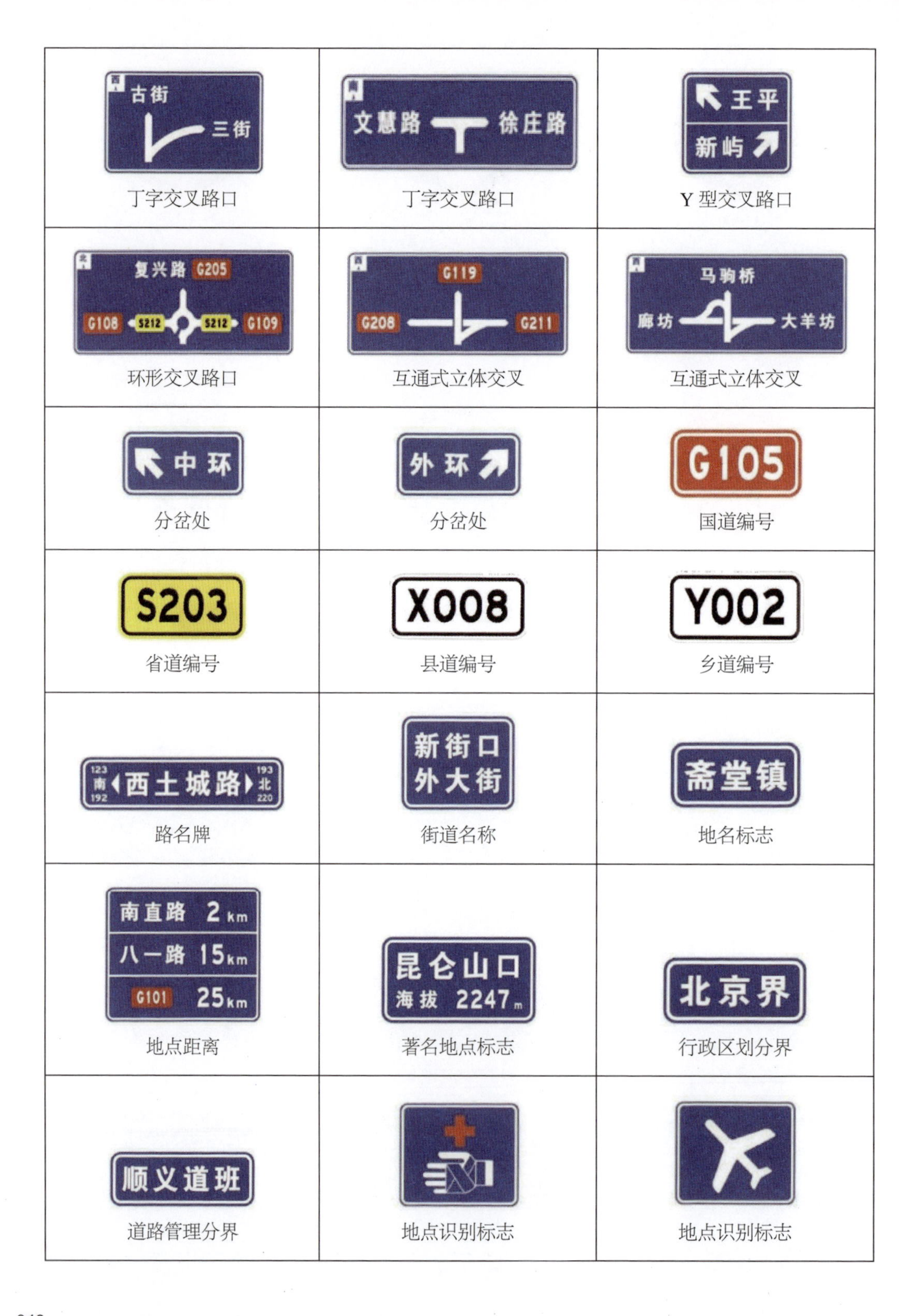

丁字交叉路口　丁字交叉路口　Y 型交叉路口

环形交叉路口　互通式立体交叉　互通式立体交叉

分岔处　分岔处　国道编号

省道编号　县道编号　乡道编号

路名牌　街道名称　地名标志

地点距离　著名地点标志　行政区划分界

道路管理分界　地点识别标志　地点识别标志

 地点识别标志	 停车场（区）标志	 停车场（区）标志
 残疾人专用设施	 休息区	 观景台
 应急避难设施（场所）	 车道数变少	 车道数增加
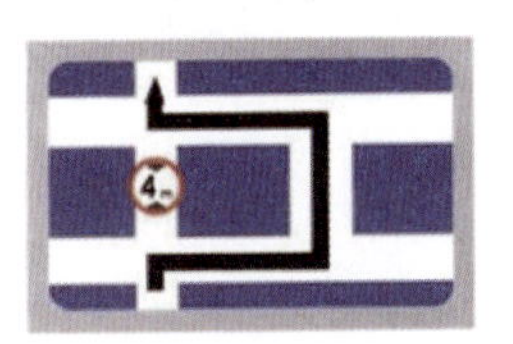 绕行标志	 绕行标志	 此路不通
 交通监控设备	 隧道出口距离预告	 线形诱导基本单元
 线形诱导基本单元	 基本单元组合使用	 基本单元组合使用

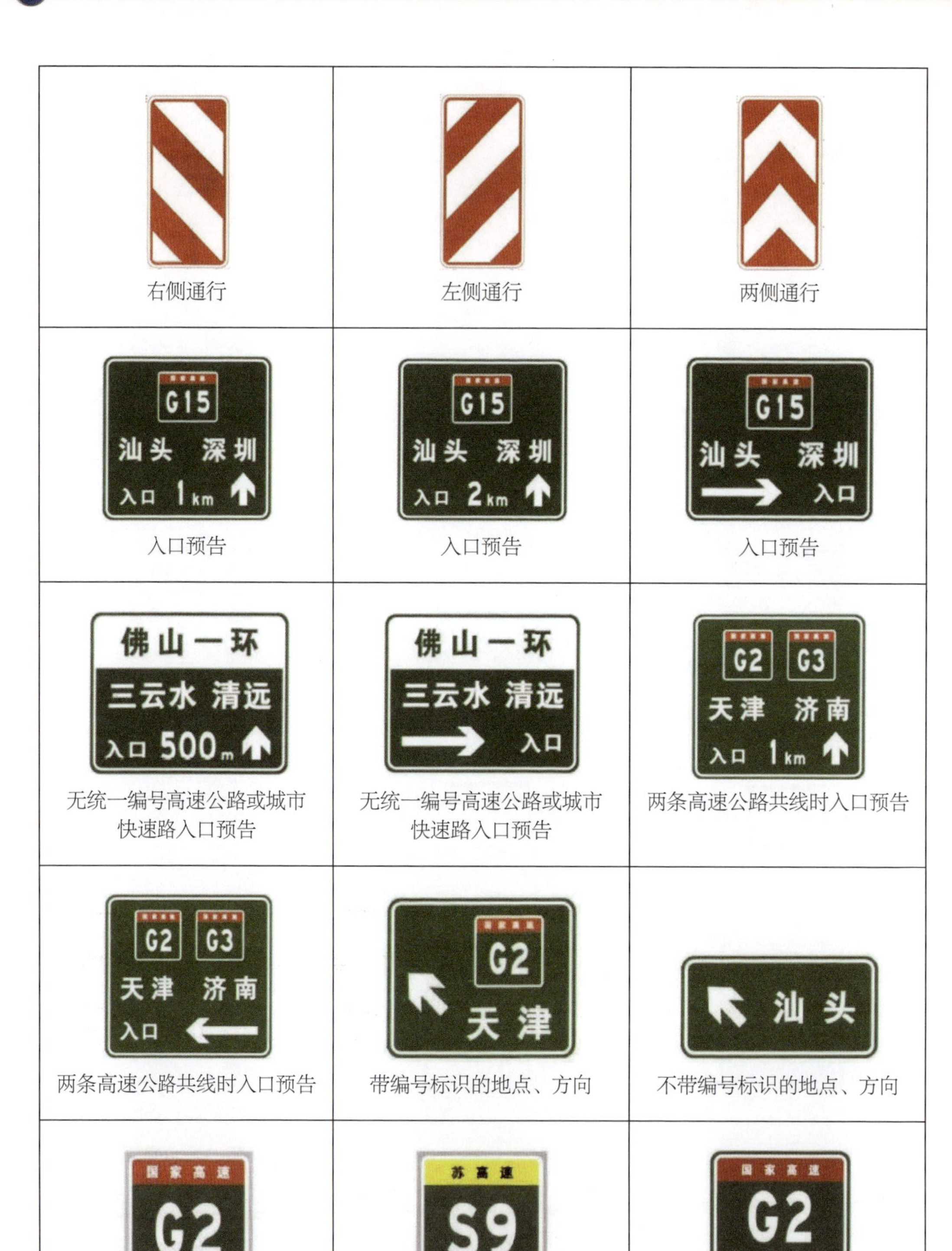

右侧通行
左侧通行
两侧通行
入口预告
入口预告
入口预告
无统一编号高速公路或城市快速路入口预告
无统一编号高速公路或城市快速路入口预告
两条高速公路共线时入口预告
两条高速公路共线时入口预告
带编号标识的地点、方向
不带编号标识的地点、方向
编号标志
编号标志
命名编号标志

命名编号标志

路名标志

地点距离

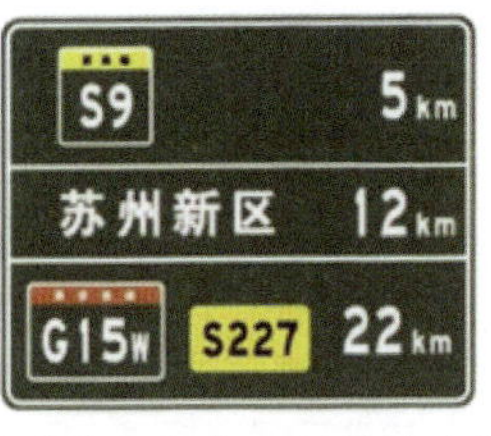

城市区域多个出口时的地点距离

下一出口预告

下一出口预告

出口编号标志

出口编号标志

右侧出口预告

右侧出口预告

左侧出口预告

左侧出口预告

出口标志及出口地点方向

出口标志及出口地点方向

出口标志及出口地点方向

高速公路起点

高速公路终点预告

无统一编号的高速公路或城市快速路起点

无统一编号的高速公路或城市快速路终点预告

国家高速公路、省级高速公路终点

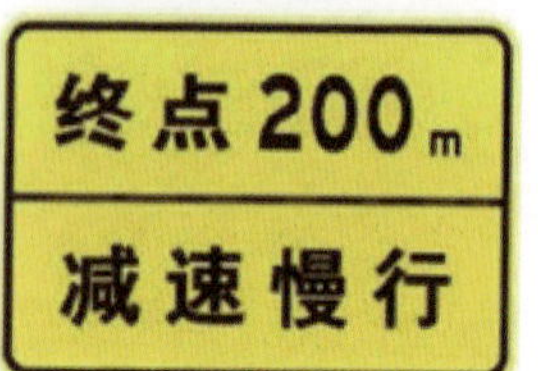

终点提示标志

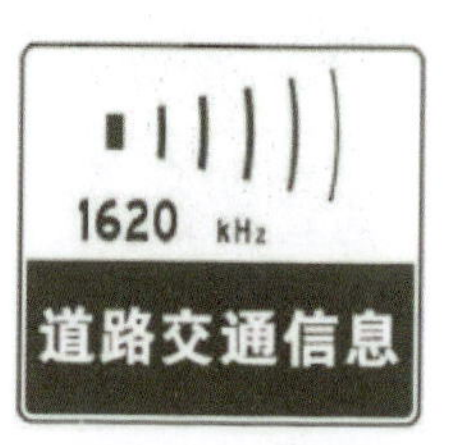

道路交通信息

里程牌

无统一编号的高速公路或城市快速路里程牌

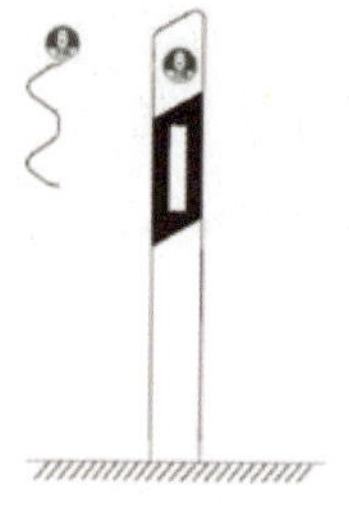
百米牌

停车领卡

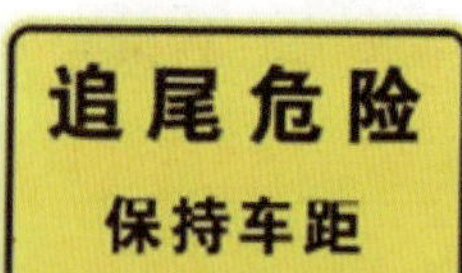

车距确认

车距确认
前方 200m

车距确认

车距确认

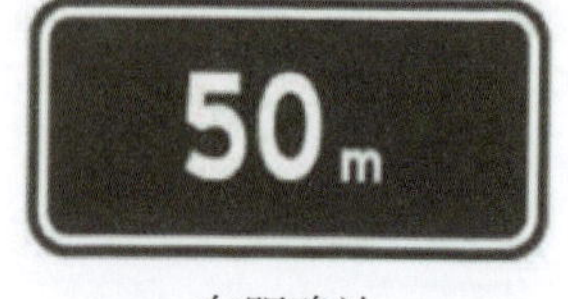

车距确认

救援电话

紧急电话

电话位置指示

不设电子不停车收费（ETC）车道的收费站预告及收费站

不设电子不停车收费（ETC）车道的收费站预告及收费站

设有电子不停车收费（ETC）车道的收费站预告及收费站

设有电子不停车收费（ETC）车道的收费站预告及收费站

超限超载检测站

超限超载检测站

计重收费

爬坡车道

爬坡车道结束

加油站

紧急停车带

服务区预告

服务区预告

停车区预告

停车区预告

停车区预告

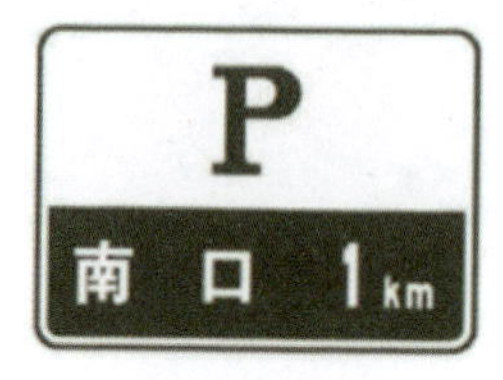

停车场预告

停车场预告

停车场预告

停车场预告

停车场预告

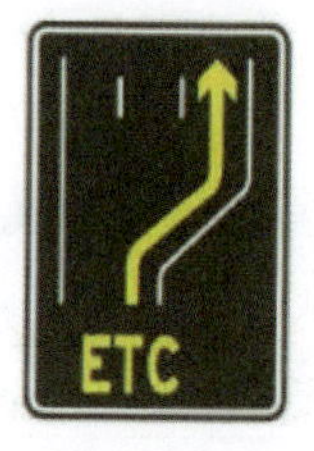

ETC 车道指示

ETC 车道指示

设置在指路标志版面中的方向

设置在指路标志版面中的方向

设置在指路标志版面外的方向

设置在指路标志版面外的方向

（5）旅游区标志

提供旅游景点方向、距离的标志。

（6）道路施工安全标志

告知道路施工区通行的标志。

施工路栏　施工路栏　锥形交通标

锥形交通标　道口标柱　前方施工

道路施工　道路封闭　道路封闭

右道封闭　左道封闭　中间封闭

车辆慢行　向左行驶　向右行驶

向左改道　向右改道　移动性施工标志

（7）辅助标志

附设于主标志下起辅助说明使用的标志。

 时间范围	 时间范围	 除公共汽车外
 货车、拖拉机	 机动车	 货车
 私人专属	 行驶方向标志	 行驶方向标志
 行驶方向标志	 行驶方向标志	 行驶方向标志
 行驶方向标志	 行驶方向标志	 行驶方向标志
 向前 200m	 向左 100m	 向左、向右各 50m
 向右 100m	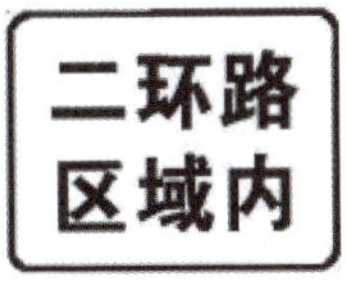 某区域内	 距离某地 200m
 学校	 海关	 事故

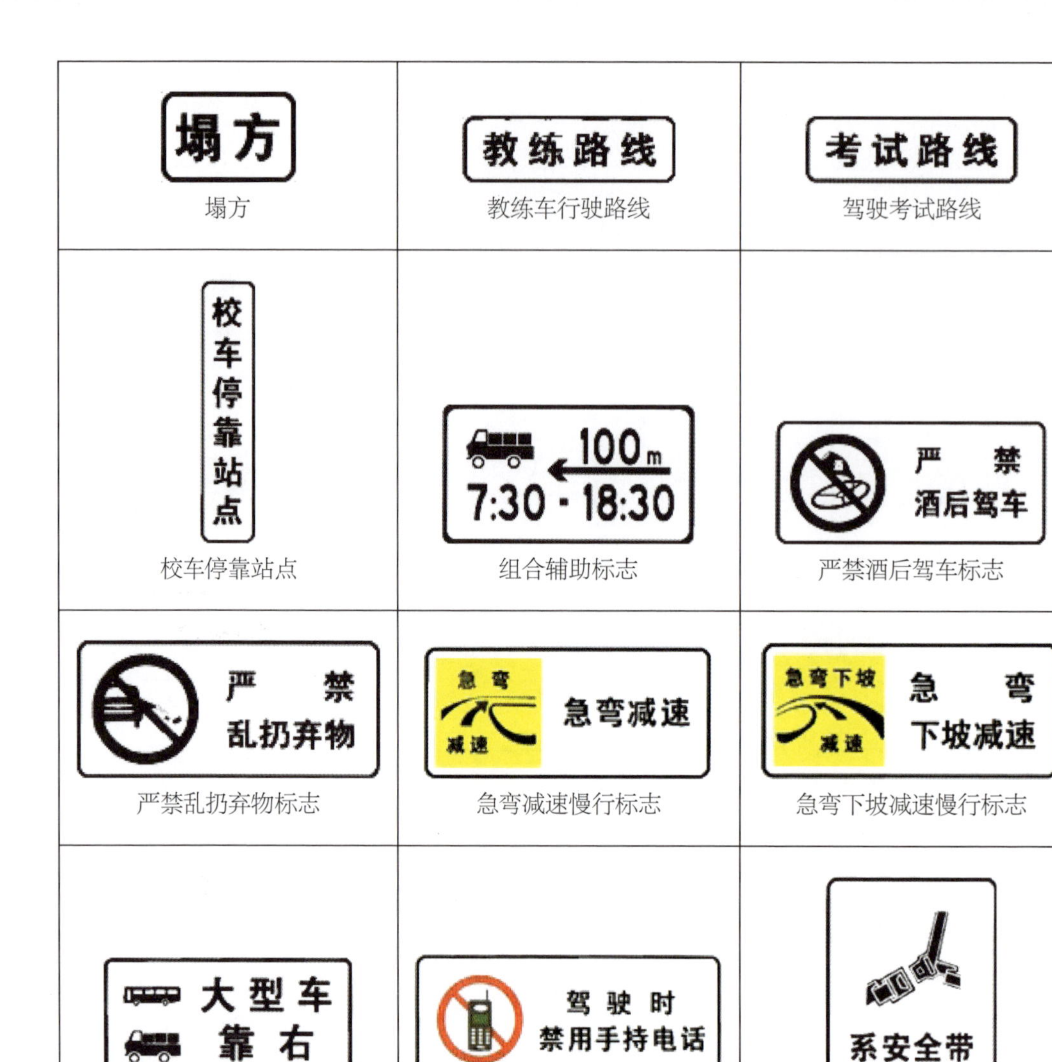

塌方　教练车行驶路线　驾驶考试路线

校车停靠站点　组合辅助标志　严禁酒后驾车标志

严禁乱扔弃物标志　急弯减速慢行标志　急弯下坡减速慢行标志

大型车靠右　驾驶时禁用手机标志　系安全带标志

1.4.2 交通标线

交通标线按功能可分为指示标线、警告标线和禁止标线三类。

（1）指示标线

指示标线包括可跨越对向车行道分界线、可跨越同向车行道分界线、潮汐车道线、车行道边缘线、左弯待转区线、路口导向线、导向车道线、人行横道线、车距确认标线、道路出入口标线、停车位标线、停靠站标线、减速丘标线、导向箭头、路面文字标记、路面图形标记16种。如图1-30 ~图1-32所示。

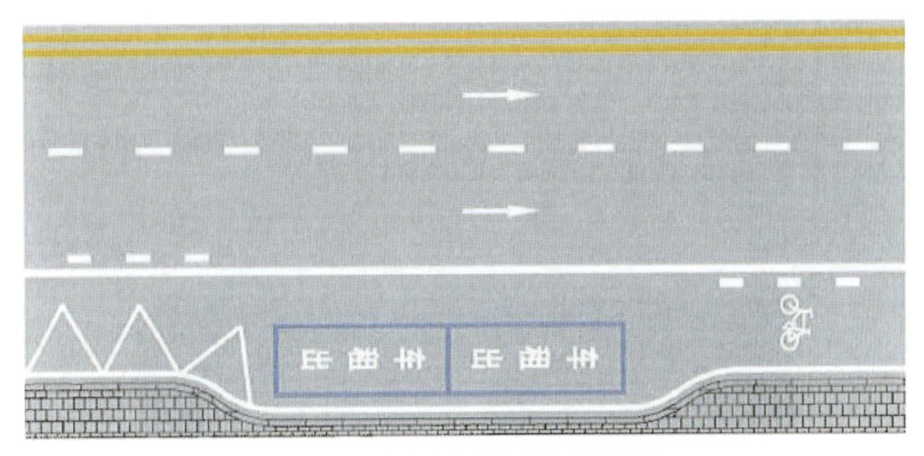

图 1-30　出租车专用待客停车位标线

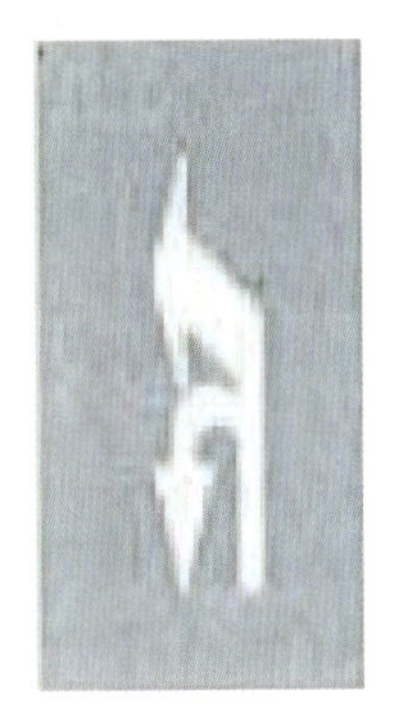

图 1-31　指示前方可左转或掉头

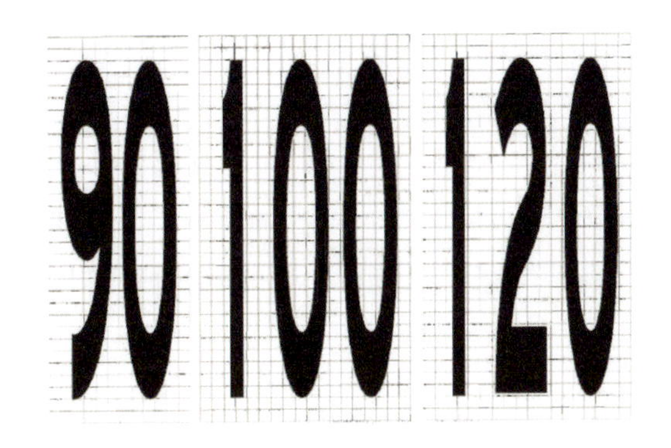

图 1-32　路面限速标记字符

（2）警告标线

警告标线包括路面（车行道）宽度渐变段标线、接近障碍物标线、铁路平交道口标线、减速标线、立面标记5种。如图1-33所示。

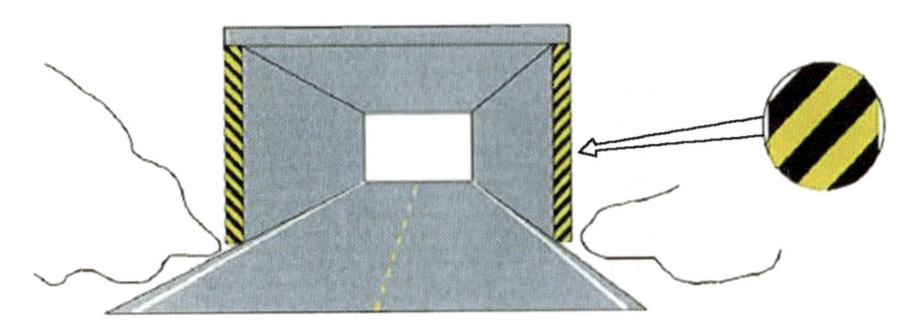

图 1-33　立面标记

（3）禁止标线

禁止标线包括禁止跨越对向车行道分界线、禁止跨越同向车行道分界线、禁止停车线、停止线、让行线、非机动车禁驶区标线、导流线、中心圈、网状线、车种专用车道线、禁止掉头（转弯）标记11种。如图1-34和图1-35所示为禁止跨越对向车行道分界线。

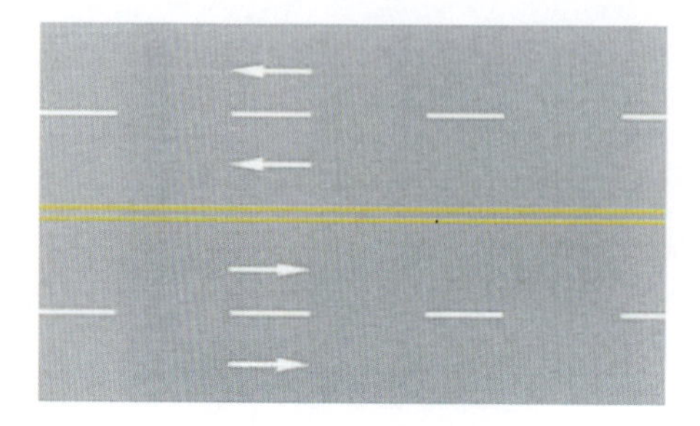

图1-34　双黄实线

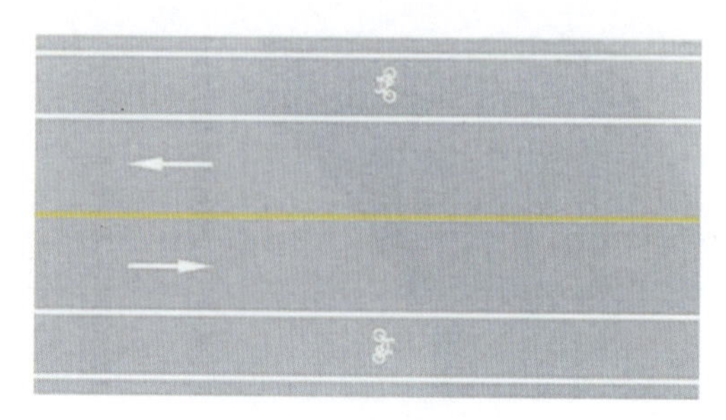

图1-35　单黄实线

1.4.3　交通警察指挥手势

交通警察指挥手势信号，分为：停止信号、直行信号、左转弯信号、左转弯待转信号、右转弯信号、变道信号、减速慢行信号、示意车辆靠边停车信号。以下图中各箭头代表手臂的运动方向。

（1）停止信号

左臂向前上方直伸，掌心向前，不准前方车辆通行。如图1-36所示。

（a）　（b）

图1-36　停止信号

（2）直行信号

左臂向左平伸，掌心向前；右臂向右平伸，掌心向前，向左摆动，准许右方直行的车辆通行。

（3）左转弯信号

右臂向前平伸，掌心向前；左臂与手掌平直向右前方摆动，掌心向右，准许车辆左转弯，在不妨碍被放行车辆通行的情况下可以掉头。如图1-37所示。

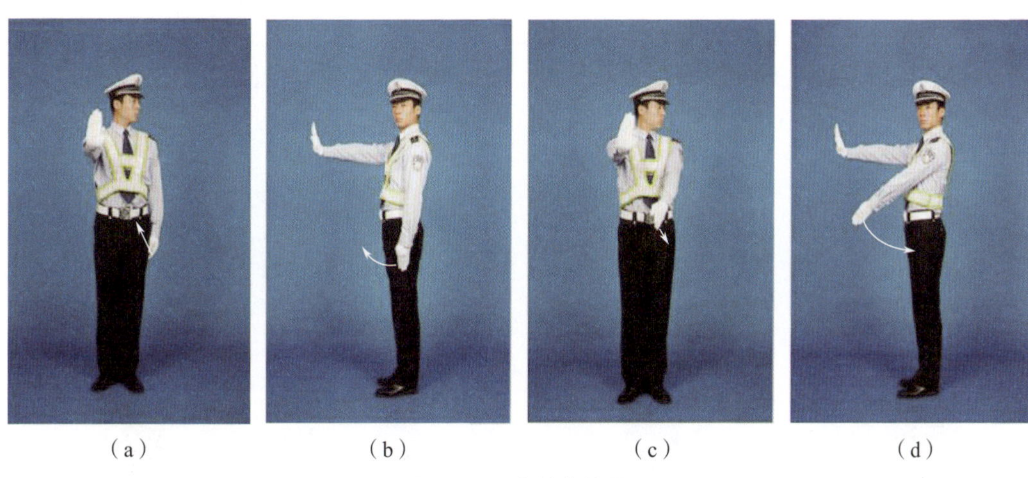

（a）（b）（c）（d）

图1-37 左转弯信号

（4）左转弯待转信号

左臂向左下方平伸，掌心向下；左臂与手掌平直向下方摆动，准许左方左转弯的车辆进入路口，沿左转弯行驶方向靠近路口中心，等候左转弯信号。如图1-38所示。

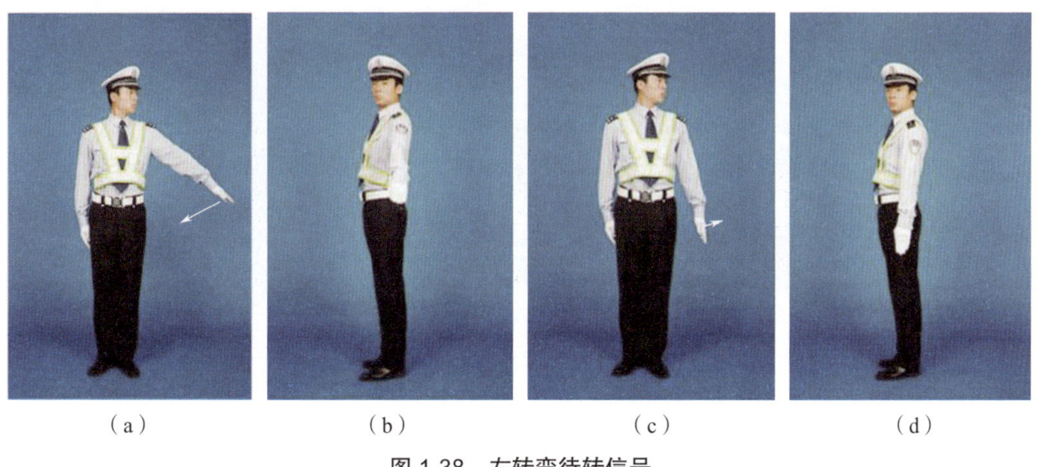

（a）（b）（c）（d）

图1-38 左转弯待转信号

（5）右转弯信号

左臂向前平伸，掌心向前；右臂与手掌平直向左前方摆动，手掌向左，准许右方的车辆右转弯。

（6）变道信号

右臂向前平伸，掌心向左；右臂向左水平摆动，车辆应当腾空指定的车道，减速慢行。

（7）减速慢行信号

右臂向右前方平伸，掌心向下；右臂与手掌平直向下方摆动，车辆应当减速慢行。

（8）示意车辆靠边停车信号

左臂向前上方平伸，掌心向前；右臂向前下方平伸，掌心向左；右臂向左水平摆动，车辆应当靠边停车。如图1-39所示。

图 1-39　示意车辆靠边停车信号

交通警察在夜间没有路灯、照明不良或者遇有雨、雪、雾、沙尘、冰雹等低能见度天气条件下执勤时，可以用右手持指挥棒，按照上述手势信号指挥。

第2章 科目二（基础驾驶技能）考试攻略

2.1 驾驶基础知识

2.1.1 学车考证常用驾驶俗语

❶ 边筋。车辆的边筋如图2-1所示。

图2-1 车辆的边筋

❷ 内外侧和内外轮。车辆的内外侧和内外轮如图 2-2 所示。

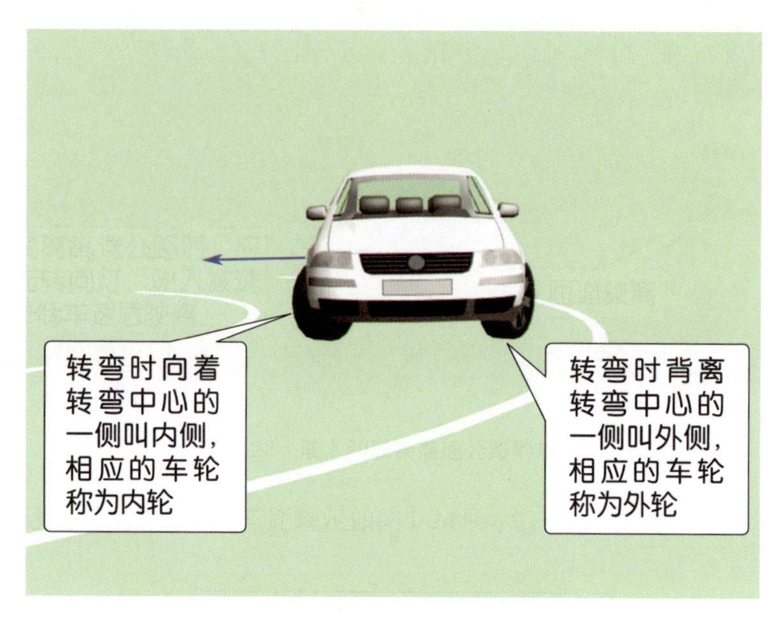

图 2-2 车辆的内外侧和内外轮

❸ 转弯半径。车辆的转弯半径如图 2-3 所示。

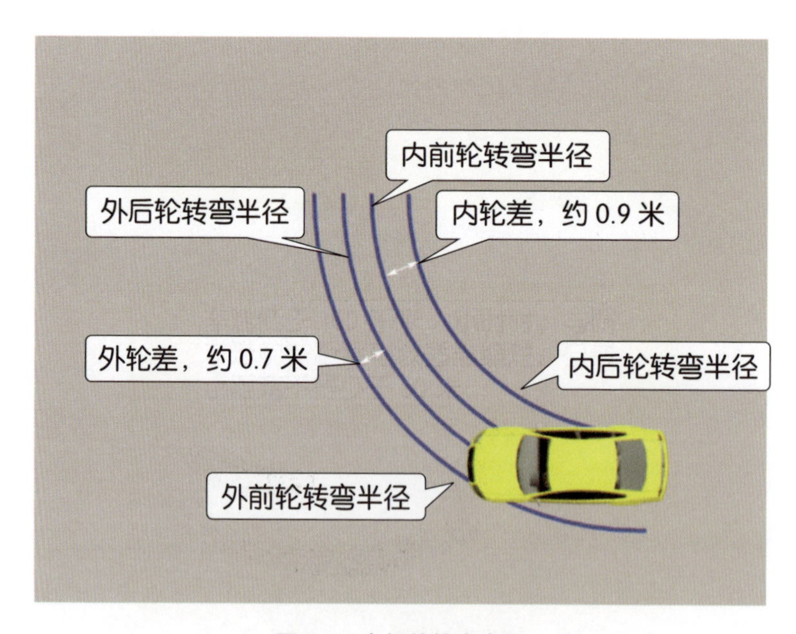

图 2-3 车辆的转弯半径

提示

汽车转弯时内前轮的转弯半径比内后轮的大，它们的差称为内轮差；转弯时内前轮要离路边远些以免内后轮驶出路面，但是对于窄路不可过远，以免外前轮驶出路面。

2.1.2　驾驶中的视觉规律和盲区

❶ 光的直线传播规律和远小近大规律产生的盲区如图2-4所示。眼的位置变化时盲区随之改变，驾驶中可利用这一点减小或改变盲区，从而可以看到原来盲区中看不到的地方。

提示

一般情况下，光在空气中只能沿直线传播，光线传播时如果有物体阻挡，就会形成各种各样的盲区，如房屋、树木、街道建筑物、坡、车辆互相遮挡，车体本身的遮挡等都会产生盲区。

（a）

图 2-4

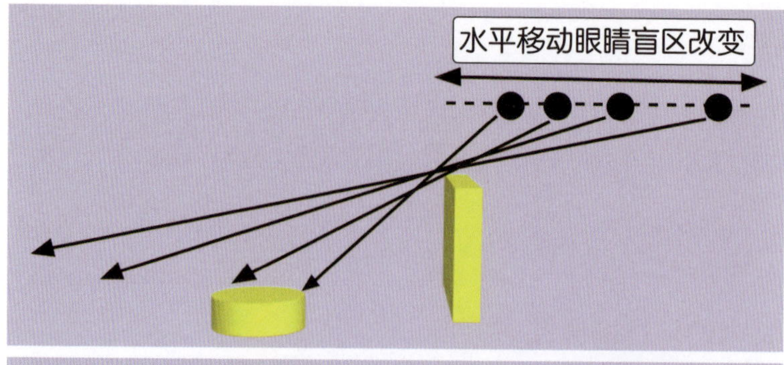

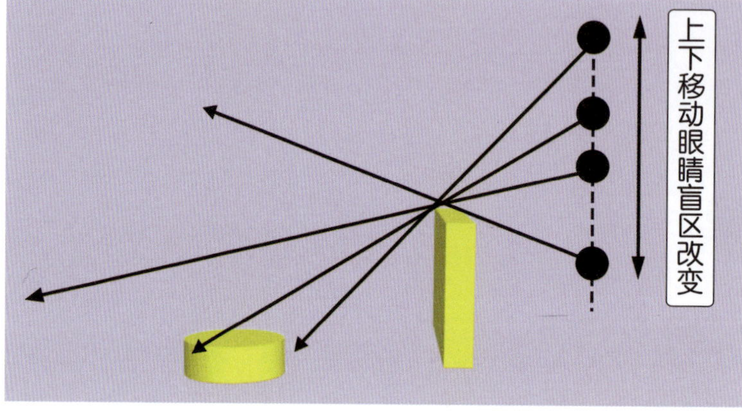

（b）

同样大的物体，越远视角越小，看起来也就越小。所以从远处看比桩门宽的车头实际上比桩门要窄，不必担心过不去

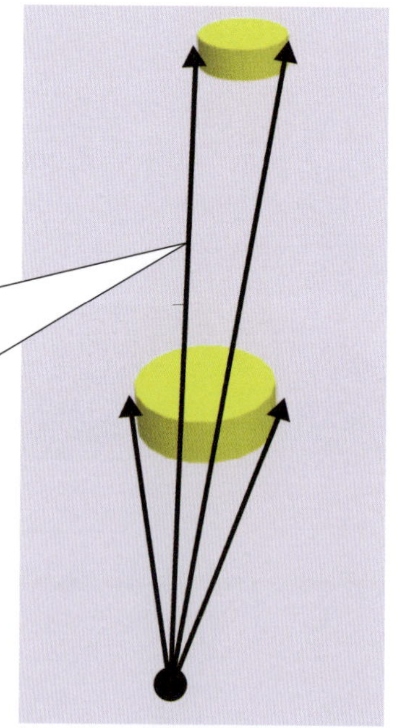

（c）

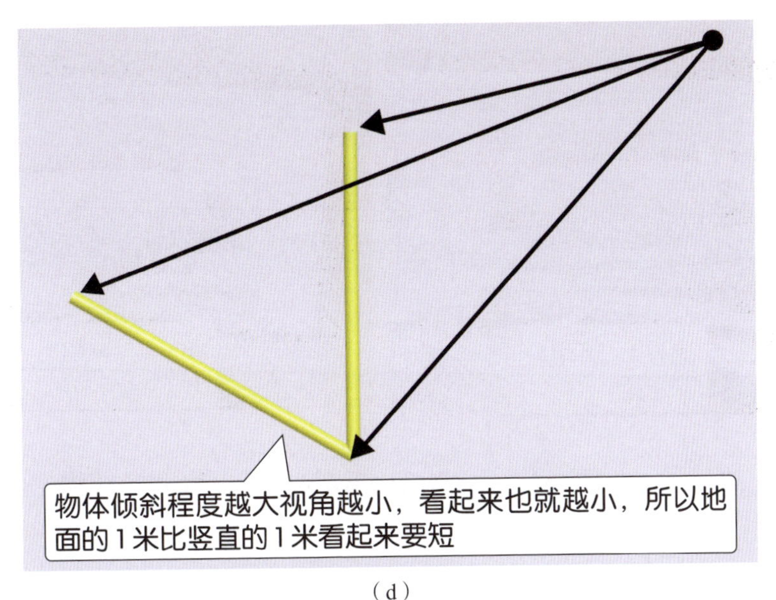

（d）

图 2-4 光的直线传播规律和远小近大规律产生的盲区

❷ 车体自身产生的盲区及其变化规律如图2-5所示。车头遮住前方物体的高度越高，距离就越近。如果前方物体是车辆，可以看前车尾部的特殊部位来大致判断车距，如看车底边、后保险杠的上下沿、尾灯等部位。平时要注意观察这些部位的高度所对应的车距，不需要精确，只要确保安全即可。对于左右两侧来说，方法类似。

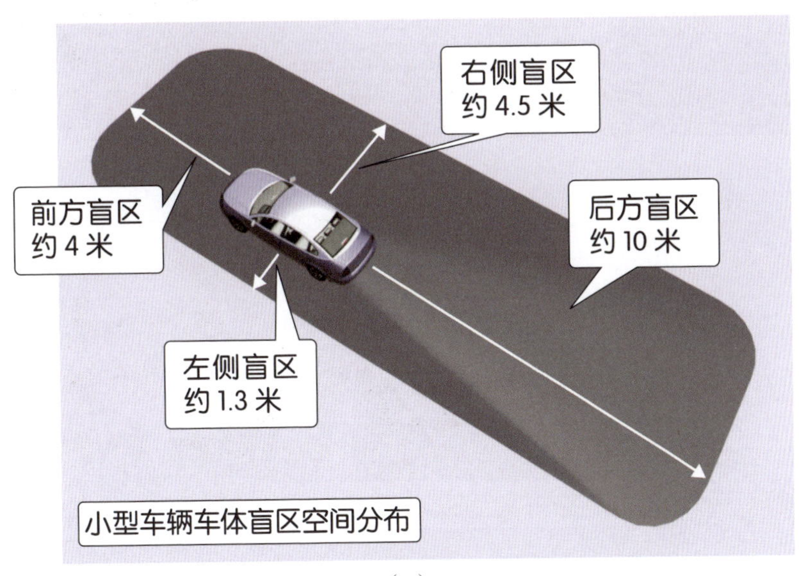

（a）

图 2-5

（b） （c）

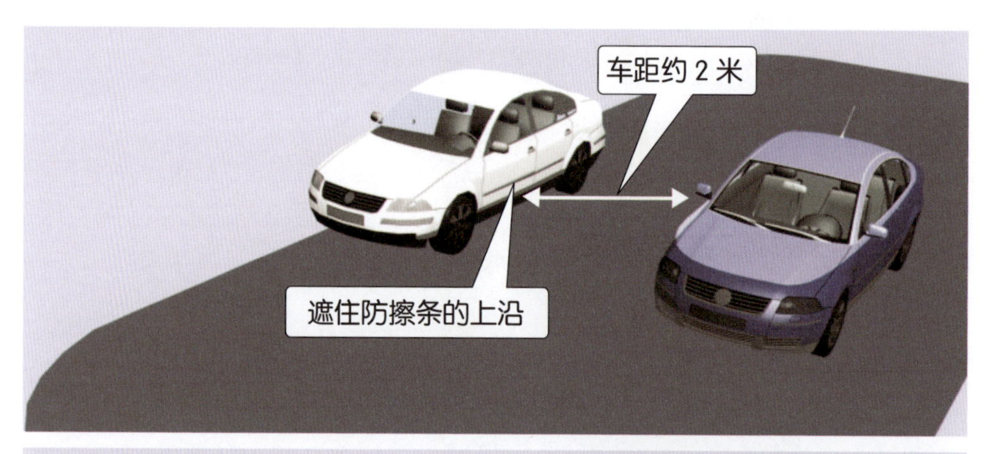

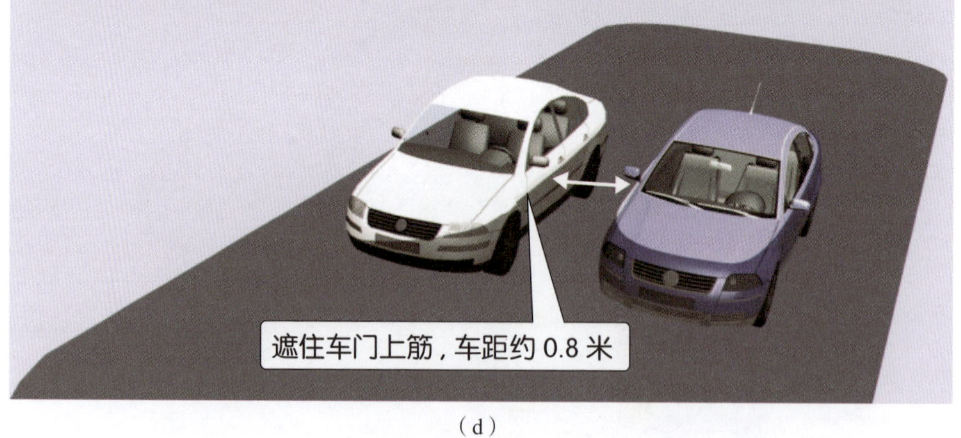

（d）

图 2-5　车体自身产生的盲区及其变化规律

③ 车外物体产生的盲区及其规律如图2-6所示。房屋、树木、街道建筑物、斜坡、车辆等车外物体的遮挡会产生各种各样的盲区，盲区里可能会出现行人、非机动车、机动车等。其他车辆遮挡产生的盲区是动态的，驾驶中要谨慎，在确保安全的情况下，可以通过大幅度移动头部的方法进行观察。

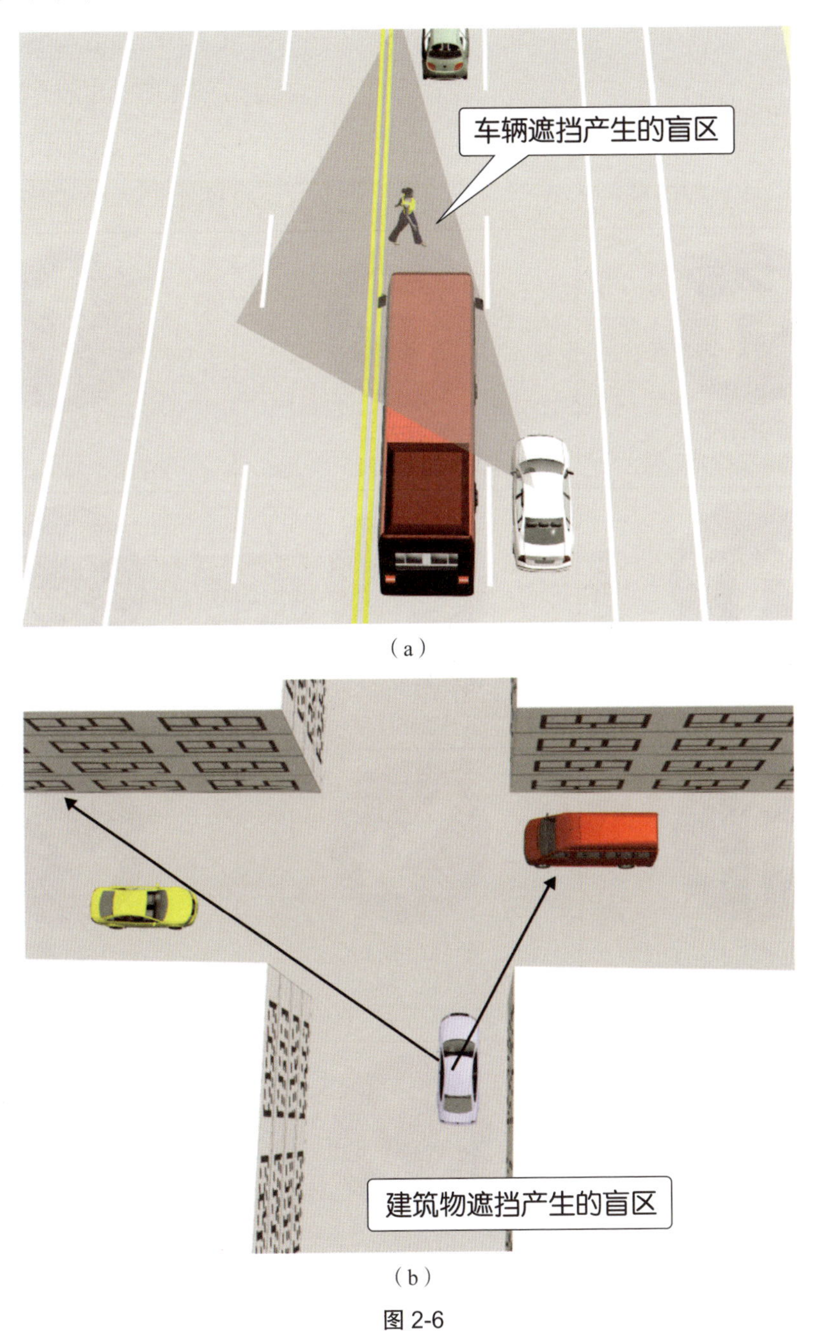

（a）

（b）

图 2-6

（c）

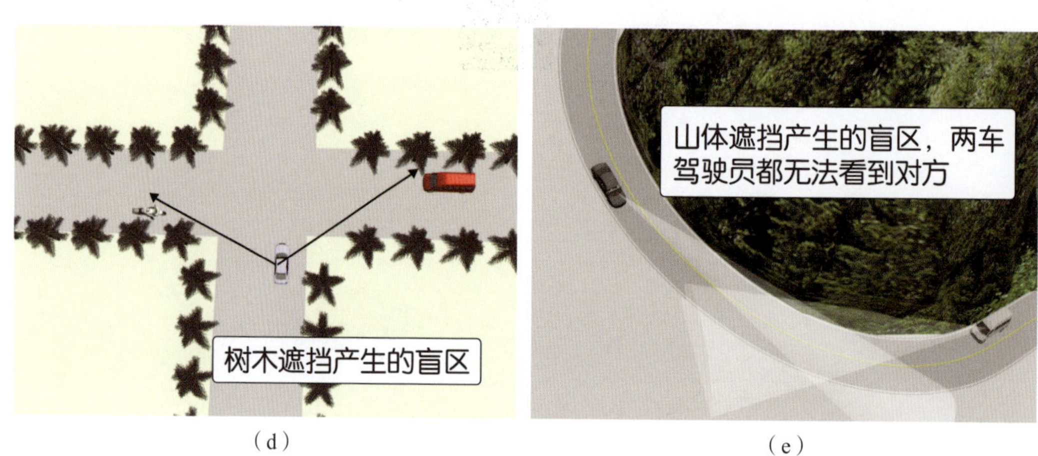

（d）　（e）

图 2-6　车外物体产生的盲区及其规律

❹ 后视镜也有盲区，所以变更车道前以及转弯通过路口时，不但要通过内外后视镜观察侧后方交通情况，还要直接转头看后视镜的盲区。如图2-7所示。

为了扩大反射景物的范围，后视镜一般都做成凸面镜。凸面镜成像的规律是：物体距凸面镜越远所成的像越小，镜面越凸这种现象越明显。后视镜的成像规律如图2-8所示。

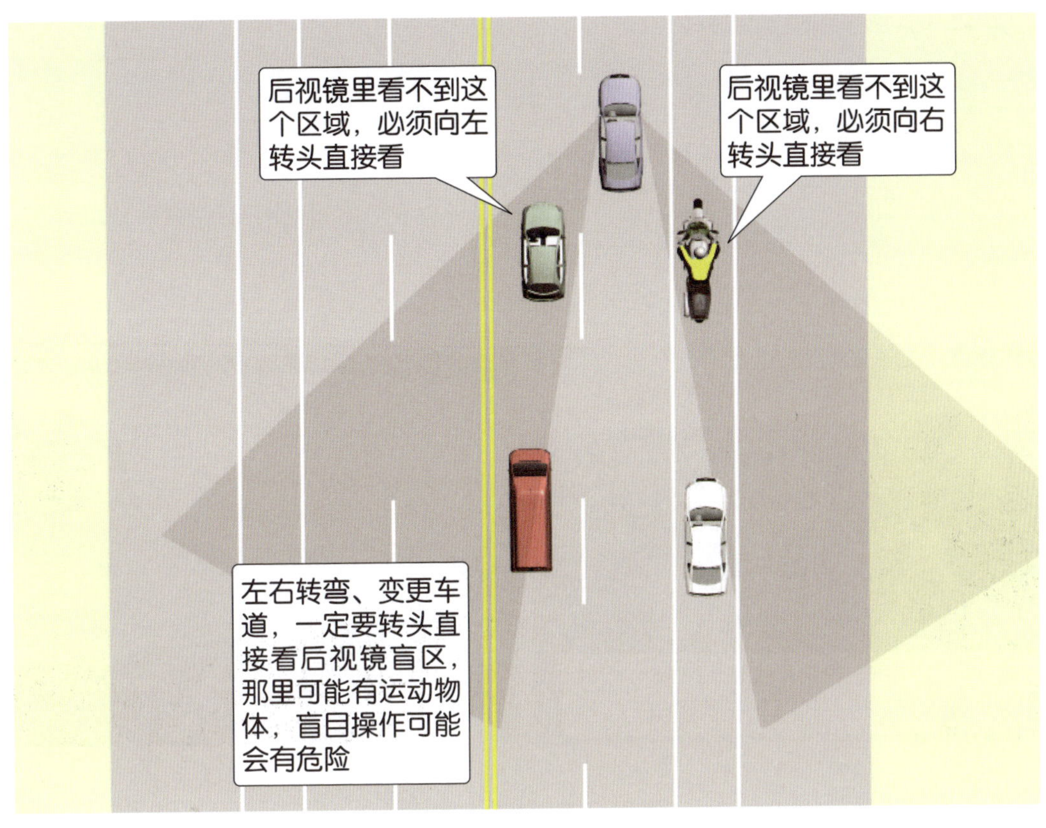

图 2-7　后视镜产生的盲区

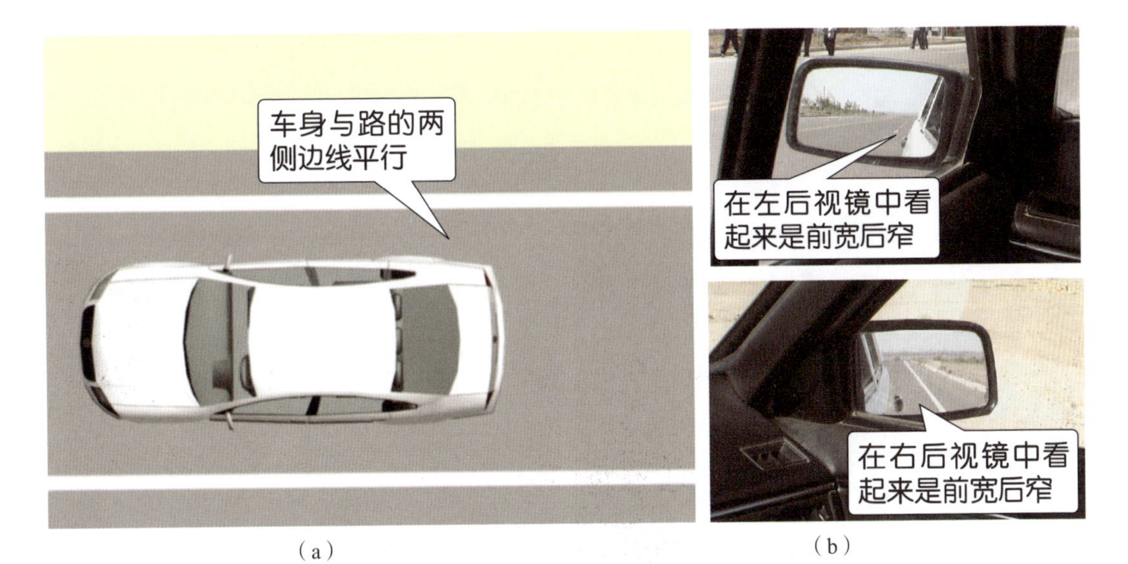

图 2-8　后视镜的成像规律

2.2 基础驾驶操作

2.2.1 方向盘操作

方向盘的操作方法如图2-9所示。行驶方向即将转到预定方向前，就应往回转动方向盘。原因是：如果转到预定方向时再回方向，会转过头，这是由于回方向时车轮回正需要时间，在这段时间里车头仍在沿预定的方向转动。

（a）

（b）

图 2-9　方向盘的操作方法

下面介绍一种双手交替快速操作方向盘的方法。以右转弯为例，首先降速至适合转弯的速度，然后先向右打方向，再向左回正。

❶ 向右打方向的方法如图2-10所示。

（a）

（b）

（c）

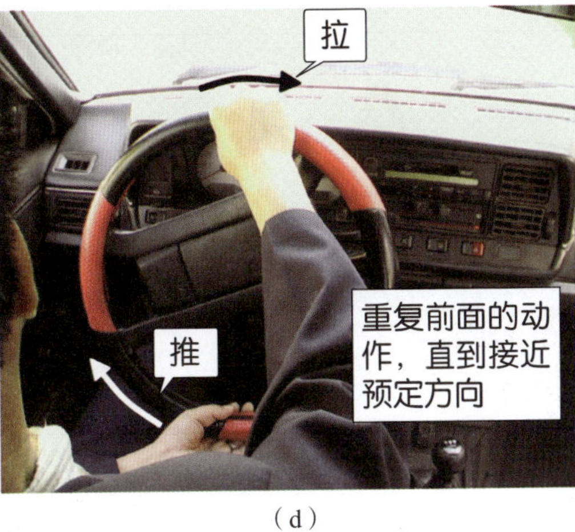

（d）

图 2-10 向右打方向的方法

❷ 向左回方向的动作相反。熟练后也可以利用方向盘的自动回位功能回位，手松握，但不要离开。如图2-11所示。

（a）

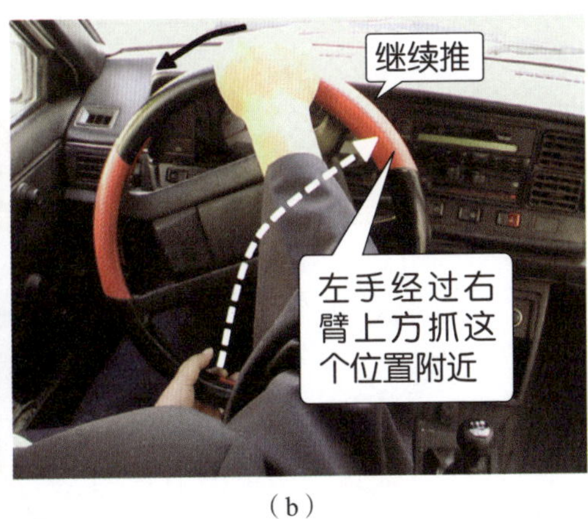

（b）

（c）

（d）

图 2-11 向左回方向的方法

2.2.2 仪表、开关的识别和使用

不同车辆的仪表、开关操作方法差别较大，要看说明书操作。这里以一种车辆的仪表板为例，如图2-12所示。

图 2-12 车辆仪表板

仪表板上有各种指示灯，常见的如表2-1所示。

表 2-1 仪表板上的常见指示灯

车内各类仪表指示灯		
 该指示灯用来显示ABS工作状况。当打开钥匙门，车辆自检时，ABS灯会点亮数秒，随后熄灭。如果未闪亮或者启动后仍不熄灭，表明ABS出现故障	 打开钥匙门，车辆开始自检时，EPC灯会点亮数秒，随后熄灭。如车辆启动后仍不熄灭，说明车辆机械与电子系统出现故障	 该指示灯用来显示自动挡的O/D挡（Over-Drive）超速挡的工作状态，当O/D挡指示灯闪亮，说明O/D挡已锁止。此时加速能力获得提升，但会增加油耗
 该指示灯用来显示安全带是否处于锁止状态，当该灯点亮时，说明安全带没有及时扣紧。有些车型会有相应的提示音，当安全带被及时扣紧后，该指示灯自动熄灭	 该指示灯用来显示电瓶使用状态。打开钥匙门，车辆开始自检时，该指示灯点亮。启动后自动熄灭。如果启动后电瓶指示灯常亮，说明该电瓶出现了使用问题，需要更换	 该指示灯用来显示发动机内机油的压力状况。打开钥匙门，车辆开始自检时，指示灯点亮，启动后熄灭。该指示灯常亮，说明该车发动机机油压力低于规定标准，需要维修

续表

车内各类仪表指示灯		
 该指示灯用来显示车辆内储油量的多少，当钥匙门打开，车辆进行自检时，该油量指示灯会短时间点亮，随后熄灭。如启动后该指示灯点亮，则说明车内油量已不足	 该指示灯用来显示车辆各车门状况，任意车门未关上，或者未关好，该指示灯都会点亮相应的车门指示灯，提示车主车门未关好，当车门关闭或关好时，相应车门指示灯熄灭	 该指示灯用来显示安全气囊的工作状态，当打开钥匙门，车辆开始自检时，该指示灯自动点亮数秒后熄灭，如果常亮，则安全气囊出现故障
 该指示灯是用来显示车辆刹车盘磨损的状况。一般来说，该指示灯为熄灭状态，当刹车盘出现故障或磨损过度时，该灯点亮，修复后熄灭	 该指示灯用来显示车辆手刹的状态，平时为熄灭状态。当手刹被拉起后，该指示灯自动点亮。手刹被放下时，该指示灯自动熄灭。有的车型在行驶中未放下手刹会伴随有警告音	 该指示灯用来显示发动机内冷却液的温度，钥匙门打开，车辆自检时，会点亮数秒，后熄灭。水温指示灯常亮，说明冷却液温度超过规定值，需立刻暂停行驶。水温正常后熄灭
 该指示灯用来显示车辆发动机的工作状况，当打开钥匙门时，车辆自检时，该指示灯点亮后自动熄灭，如常亮则说明车辆的发动机出现了机械故障，需要维修	 该指示灯是用来显示车辆转向灯所在的位置。通常为熄灭状态。当车主点亮转向灯时，该指示灯会同时点亮相应方向的转向指示灯，转向灯熄灭后，该指示灯自动熄灭	 该指示灯是用来显示车辆远光灯的状态。通常的情况下该指示灯为熄灭状态。当车主点亮远光灯时，该指示灯会同时点亮，以提示车主车辆的远光灯处于开启状态
 该指示灯是用来显示车辆所装玻璃清洁液的多少，平时为熄灭状态，该指示灯点亮时，说明车辆所装载玻璃清洁液已不足，需添加玻璃清洁液。添加玻璃清洁液后，指示灯熄灭	 该指示灯是用来显示前后雾灯的工作状况，当前后雾灯点亮时，该指示灯相应的标志就会点亮。关闭雾灯后，相应的指示灯熄灭	 该指示灯是用来显示车辆示宽灯的工作状态，平时为熄灭状态。当示宽灯打开时，该指示灯随即点亮；当示宽灯关闭或者关闭示宽灯打开大灯时，该指示灯自动熄灭

续表

车内各类仪表指示灯		
 该指示灯是用来显示车辆空调系统的工作状态，平时为熄灭状态。当点亮内循环按钮，车辆关闭外循环，空调系统进入内循环状态时，该指示灯自动点亮。内循环关闭时熄灭	 该指示灯是用来显示车辆VSC(电子车身稳定系统)的工作状态，多出现在日系车上。当该指示灯点亮时，说明VSC系统已被关闭	 该指示灯是用来显示车辆TCS(牵引力控制系统)的工作状态，多出现在日系车上。当该指示灯点亮时，说明TCS系统已被关闭

2.2.3 发动机启动、升温与熄火

启动前要确认冷却液、机油、燃油的数量正常，变速杆置于空挡，确认手刹处于拉紧状态。启动发动机时，一定要注意发动机的特点，以及当时气温与发动机的温度等情况。

（1）发动机的启动操作

如图2-13所示，一般车辆点火开关有三个位置：位置1点火开关断开，钥匙拔出后，向右转动方向盘可以锁住方向盘；位置2点火开关接通；位置3防止重复启动。如果钥匙不能转动应来回轻转方向盘。

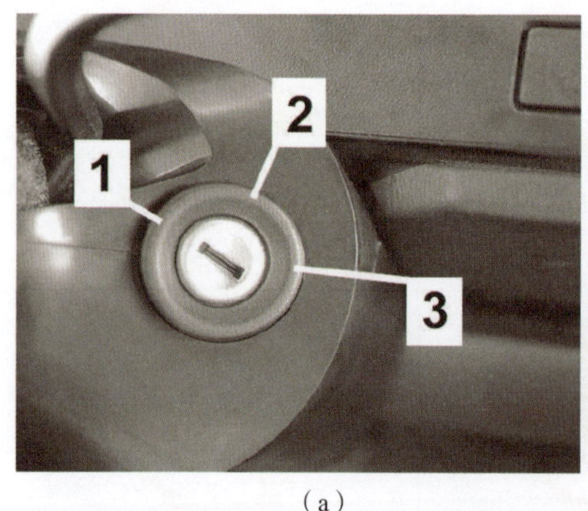

（a）

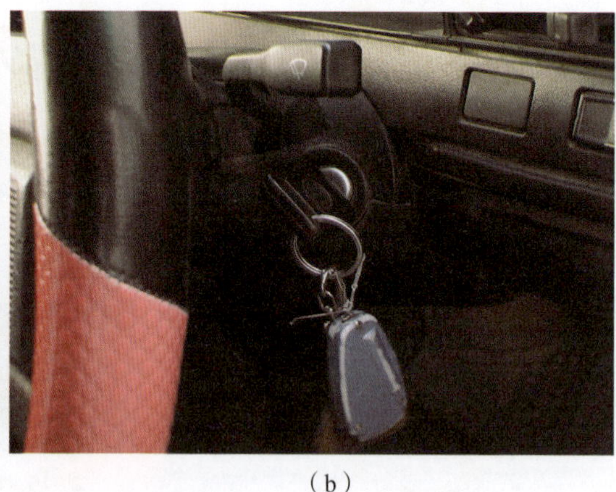

（b）

图2-13 点火开关的三个位置

确认变速器在空挡位置，将钥匙插入锁芯，先由位置1顺时针转动到位置2，接通点火开关，再由位置2顺时针转动到位置3即可启动发动机。发动机启动后应立即松开

点火开关。如图2-14所示。

启动发动机时，每次不要超过5秒；如一次无法启动，连续两次启动应间隔15秒以上。

❶ 电喷汽油发动机启动时不要踩油门，踩下离合器，转动点火开关，直接启动即可。

❷ 柴油发动机启动时要稍微踩下油门踏板。启动前，无需踩一脚或几脚空油门。但柴油机低温启动时，一般应用发动机上的预热装置预热后再启动。

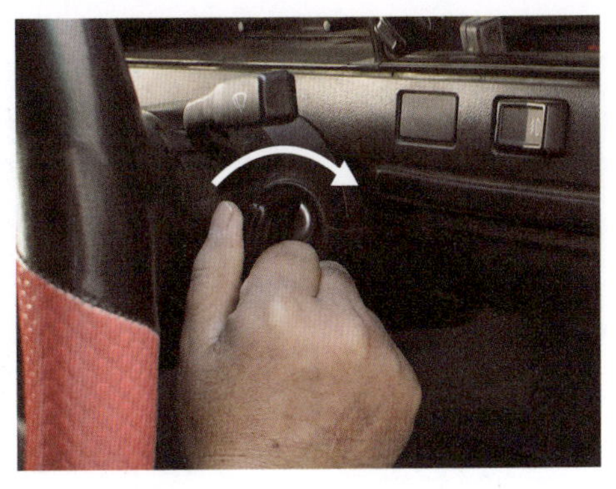

图2-14　发动机启动方法

（2）发动机升温

启动后应观察仪表读数，最佳水温应在80 ~ 90℃，如图2-15所示。有机油压力表的还要注意看机油压力数值是否在0.2 ~ 0.4兆帕或200 ~ 400千帕。有电流表的还要注意看电流值是否正常。只要不是冰冻季节，发动机启动后无需升温即可起步。冰冻季节等水温表开始动的时候就可以起步了，但达到正常温度前不可全速或超速运行，要低挡小油门慢行，等温度在50℃左右时，曲轴箱、变速箱等机械机构中的润滑油都能正常润滑时就可以正常快速行驶了。具体要求可查看车辆使用手册。

图2-15　发动机最佳水温

（3）发动机熄火

汽油发动机熄火只需逆时针旋转关闭点火开关即可。

柴油发动机熄火应拉出熄火拉钮，待发动机完全停熄后再推回熄火拉钮（有的车辆可自动回位）。

2.2.4　油门踏板、行车制动器、驻车制动器的操纵

油门踏板的操纵方法如图2-16所示。行车制动器的操纵方法如图2-17所示。驻车制动器（手刹）的操纵方法如图2-18所示。

图 2-16 油门踏板的操纵方法

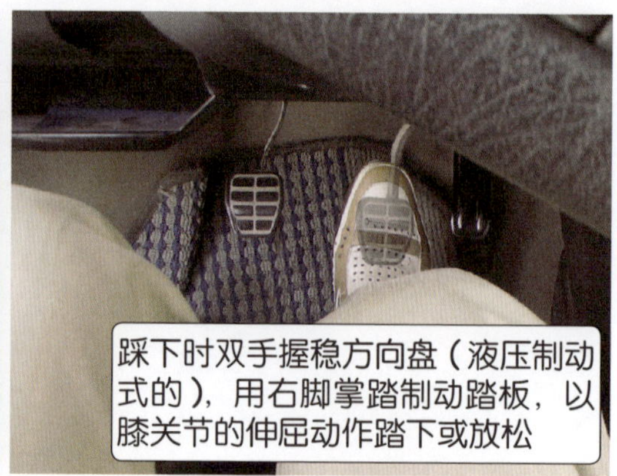

图 2-17 行车制动器的操纵方法

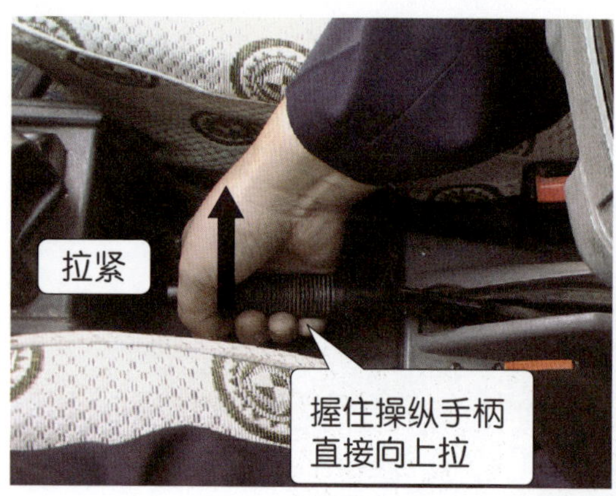

（a）

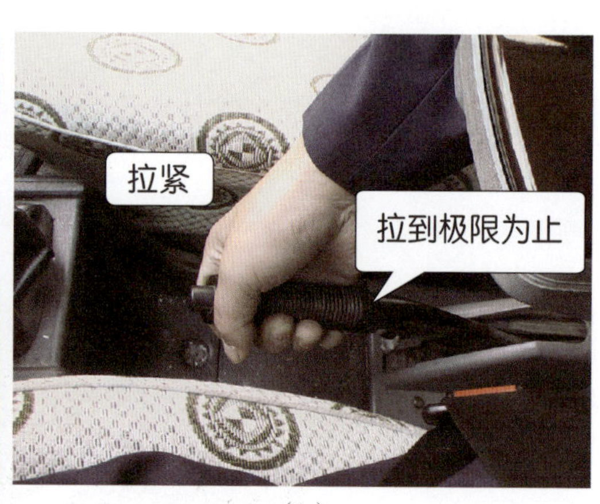

（b）

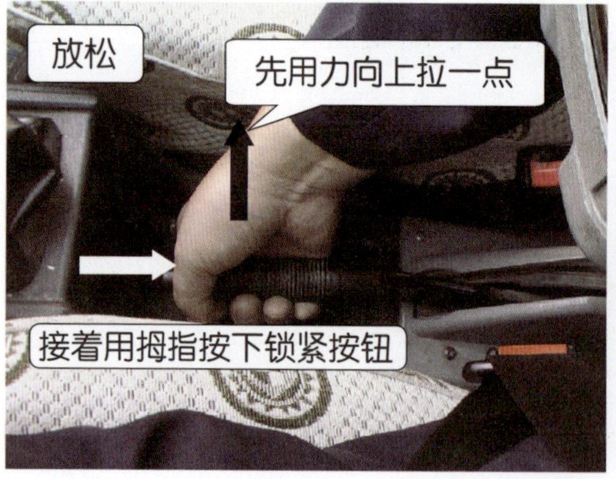

（c）

（d）

图 2-18 驻车制动器的操纵方法

2.2.5　手动挡汽车基本驾驶操作

（1）变速杆的握法

手动变速器的挡位如图2-19所示，变速杆的握法如图2-20所示。

图2-19　挡位图

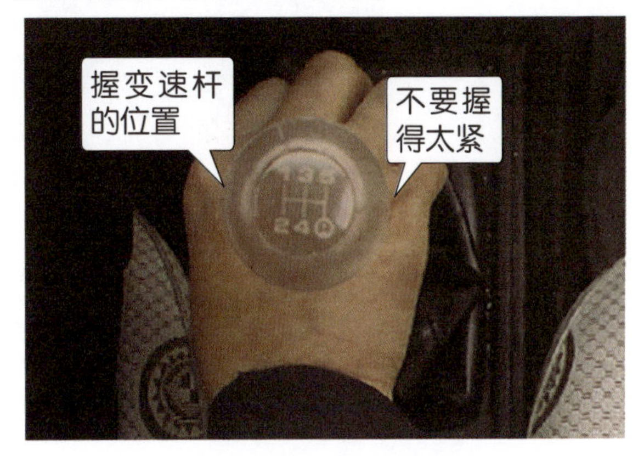

图2-20　变速杆的握法

（2）离合器踏板的操纵方法

离合器踏板的操纵方法如图2-21所示。

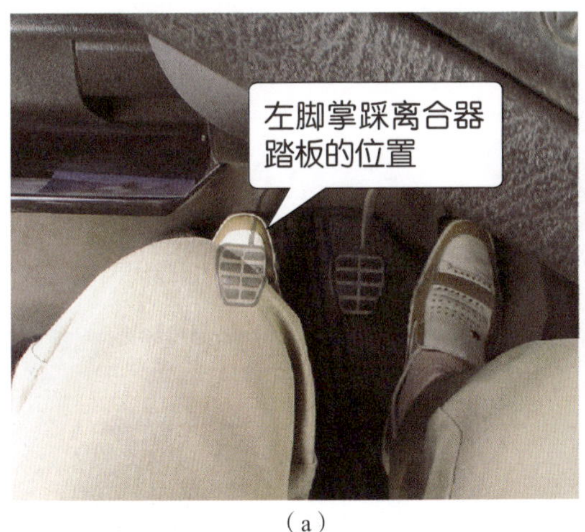

（a）

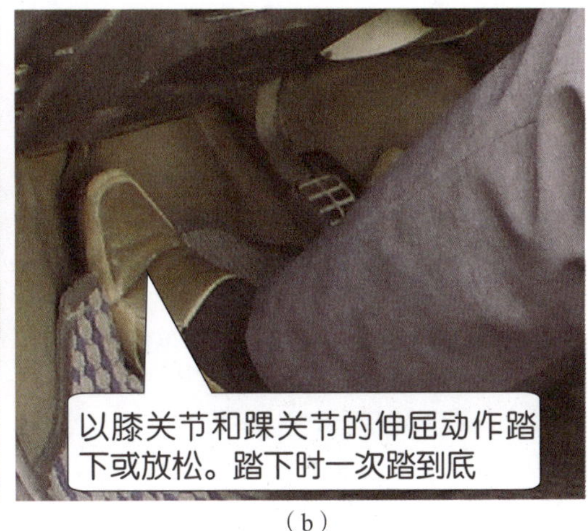

（b）

图2-21　离合器踏板的操纵方法

松抬离合器包括三个阶段：❶自由行程阶段，快抬，不传递发动机的动力；❷半联动阶段，稍停顿，传递一部分动力；❸接合阶段，快抬，传递全部动力。如图2-22所示。

半联动的特征：发动机转速下降声音变低沉，车身抖动。

离合器接合后左脚要移到离合器踏板下方的底板上。

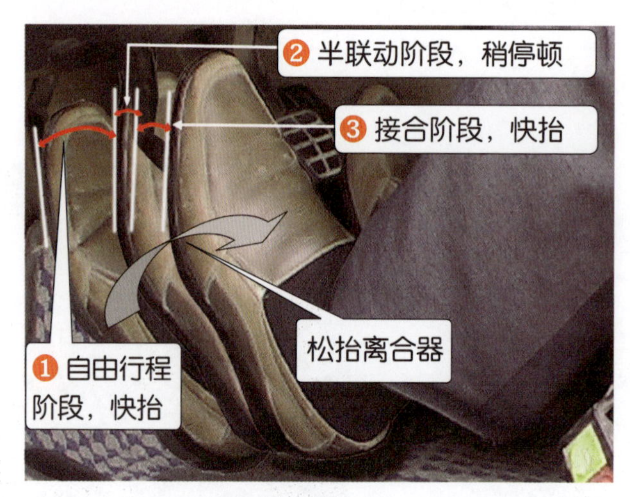

图 2-22 松抬离合器的三个阶段

（3）体会半联动操作

开左转向灯，挂一挡，松手刹，不要踩油门，慢慢松离合器，发动机转速刚一下降，声音变低沉时，说明离合器开始接合进入半联动状态，稳住，车可能不动，再松一点车即可蠕动，再多松一点速度就加快一点，向下踩一点速度就降低一些，这就是半联动范围不加油控制车速的方法。还可以在半联动的某一点稳住离合器，通过改变踩油门的多少来控制车速。

（4）平路起步

按上车要求上车后，保持正确的驾驶姿势，两眼注视前方道路和交通情况，不要低头向下看。确认仪表指示正常。然后按图 2-23 所示的步骤起步。

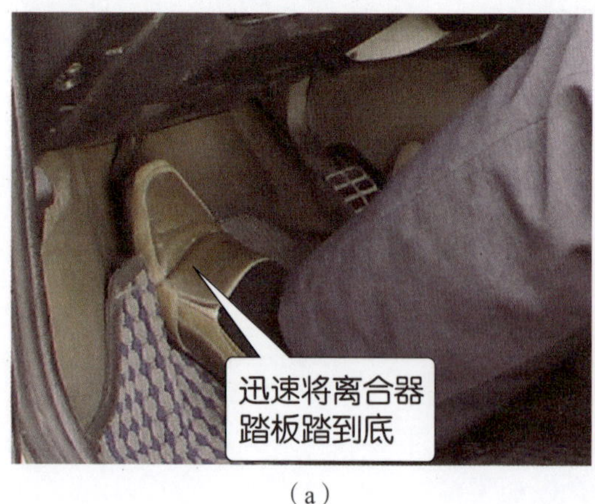

（a）

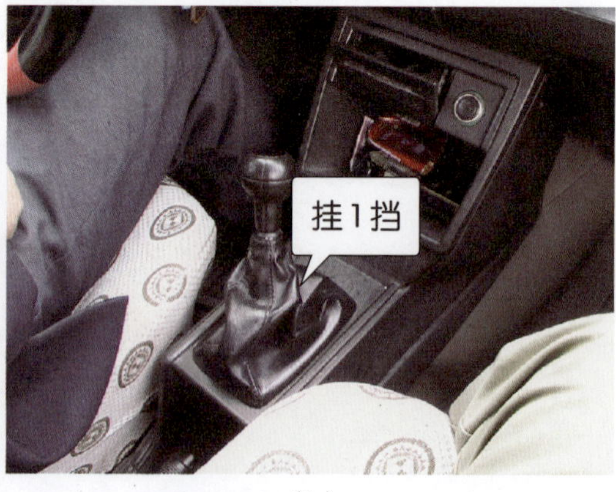

（b）

开左转向灯

（c）

按喇叭

（d）

确认前方安全
看前方

（e）

确认右侧安全
看右后视镜

（f）

确认后方安全
看车内后视镜

（g）

确认左侧安全
看左后视镜

（h）

图 2-23

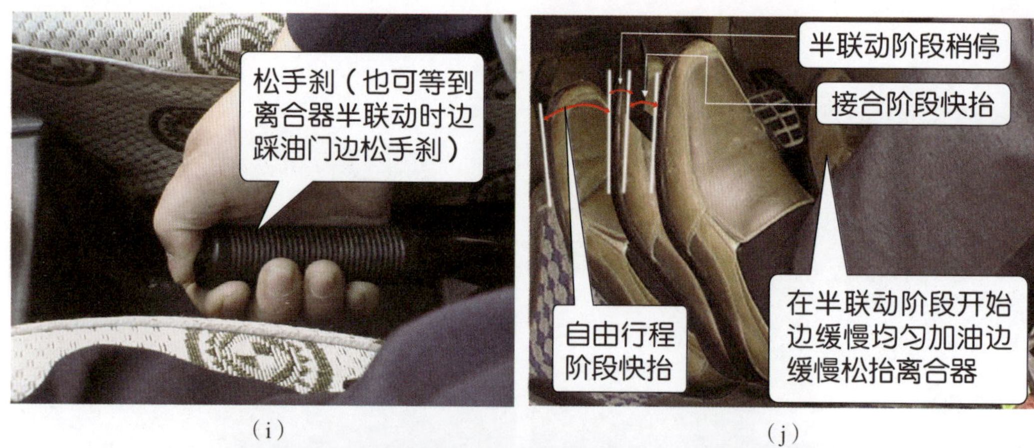

（i）　（j）

（k）

图 2-23　平路起步操作方法

说明

离合器进入半联动状态前没有必要加油。平稳起步的关键是：在半联动状态，稍停顿，根据道路阻力右脚适当踩下油门，保证不熄火，然后左脚继续稍慢松开离合器，同时右脚继续平稳踩下油门，车辆即可平稳起步。起步后左脚彻底松开离合器，并移到离合器下方，继续加速行驶。离合器松得过快、油门过小会发生熄火现象，也可能发生闯车后熄火的现象。离合器松得过快、油门过大会发生闯车现象。

提示

即使是在平路上，也可以在离合器半联动时，进行边踩油门边放松手刹的练习。这将为坡道起步打下良好的基础，也可防止在察觉不到的缓坡上溜车。最好平时就这样操作。

2.2.6　自动挡汽车基本驾驶操作

自动挡汽车挡位大同小异，可参看说明书。常见的挡位排列如图2-24所示。

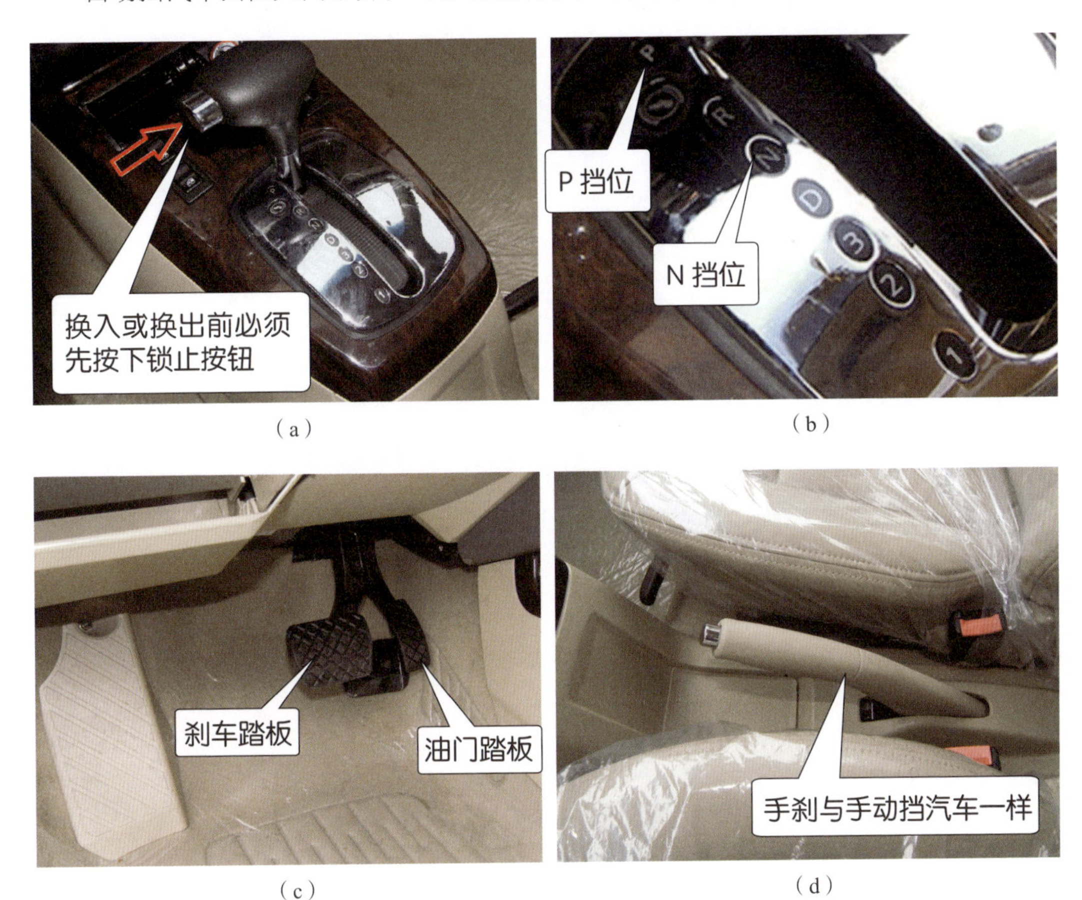

（a）　（b）　（c）　（d）

图2-24　自动挡汽车的挡位

（1）各挡位的作用与操作方法

P—驻车锁止挡。只有在汽车静止时才可以换入。若发动机已启动，换出前还要踩下制动踏板。

N—空挡。发动机动力被切断。车速低于5km/h或汽车静止且发动机已启动时，必须按下锁止按钮并踩下制动踏板才能从N挡换出。

D—行车挡。一般道路上使用这个挡位。在这个挡位下变速箱会根据油门和车速自动在1 ~ 4四个前进挡之间进行高挡或低挡的切换。

3、2、1各挡位指强制把变速器限制在某一挡以下。比如3挡就是把变速器强制限制在4挡以下。

各挡用途：

3挡—用于丘陵起伏的路段。此时4挡被锁止，汽车只能在1、2、3挡之间自动升挡或降挡。松开油门时可以提高发动机的制动作用。

2挡—用于长山路行驶。此时3、4挡被锁止，汽车只能在1、2挡之间自动升挡或降挡。松开油门时可以提高发动机的制动作用。

1挡—用于陡峭山路行驶。此时2、3、4挡被锁止，只能1挡行使。这时可以发挥发动机的最大制动作用。要想换入这个挡位，有的变速器必须按下变速杆上的锁止按钮。

手动可以换入3、2、1挡。

R—倒挡。只有在汽车静止且发动机怠速运转时才能换入。必须按下锁止按钮并踩下制动踏板才能从P或N位置换入倒挡R。

（2）自动挡汽车的启动

拧车钥匙到仪表盘有指示，确认变速杆在P或N挡位，然后转动点火开关启动发动机。一些自动变速器在任何挡位都能启动发动机，但是在非N挡必须踩刹车才能启动发动机。

（3）起步

等发动机怠速下降并稳定，水温表指示正常以后，踩下刹车，选择挡位R、D、3、2、1之一，松手刹，松刹车，车辆蠕动起步，适当踩油门可较快起步，但不要猛踩，以免发生顿挫现象。

（4）行驶

行驶中踩油门加速，松油门减速，踩刹车减速。行驶中可根据道路状况选择D、3、2、1之一。

（5）停车

停车要求与手动挡一样。只是操作有差别。踩下制动踏板，停车后拉紧手刹，短时间停车置于N挡，长时间停车置P挡。松制动踏板。

若是临时停车，如遇红灯时，不必将变速杆换入N挡（空挡），只需踩制动即可。

第3章
科目二（场地驾驶技能）考试攻略

3.1 倒车入库

3.1.1 考场布局及评判标准

考场布局如图3-1所示，图中虚线代表倒车路线，实线代表前进路线。

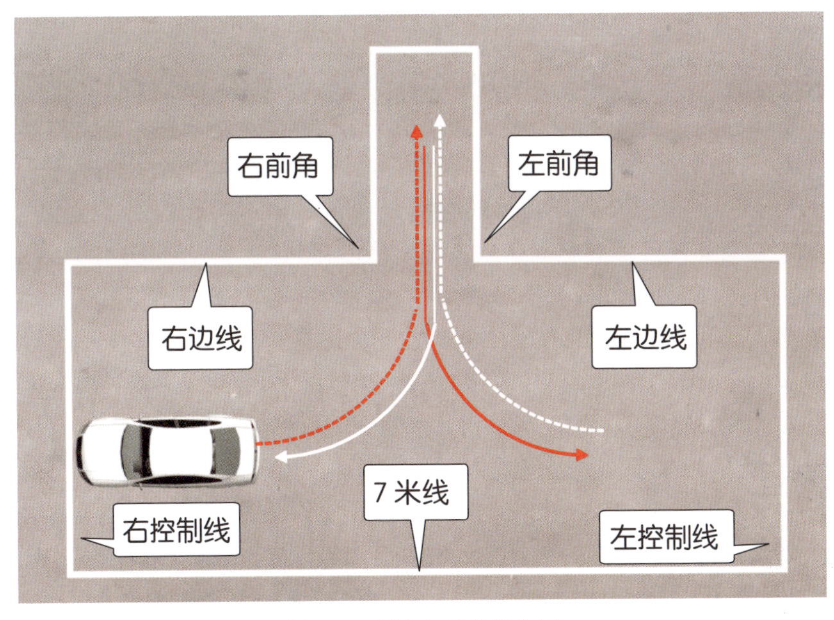

图3-1 倒车入库考场布局

考试评判标准如下：

❶ 不按规定路线顺序行驶，不合格；

❷ 车身出线，不合格；

❸ 没有完全倒入库内，不合格；

❹ 中途停车，不合格。

3.1.2 操作要求

首先从右起点右转倒入车位停正，前进出位开到左起点，如图3-1中红色轨迹所示；再左转倒入车位停正，前进出位开到右起点，如图3-1中白色轨迹所示。整个过程车身不得出线。

说明

培养判断车辆四角空间位置的能力是防止实际驾驶中发生四角碰擦事故的重要途径。驾驶员朋友可以用在矿泉水瓶中装土或沙石、插树枝制作简易桩杆，摆在车位四角的方法，进行训练。

3.1.3 考试攻略

注意

后视镜中参照点的选取也不唯一。这里介绍利用后视镜看车位线倒车入位的方法（在起点，还可以结合向后转身回头看车库线和车右后窗或左后窗下边框相交的位置来判断车身的位置，从而确定打方向的时机）。

扫一扫
看动画
演示视频

在后视镜中看参照点更要注意，因为镜中的影像和地面对称于镜面，地面上离车越近的部分在后视镜中的影像越往下，看起来越大；离车越远的部分在后视镜中的影像越往上，看起来越小。不要搞反了。

由于后视镜有盲区，初学者首先应当向下调整后视镜，以便能够看到后轮附近。有些车辆后视镜视野狭窄，可以结合移动头部位置的方法来解决。多数车辆的后视镜视野都很宽阔，不需要调整后视镜。

车辆在同一位置时，在同样的后视镜位置，不同的人或同一人采用不同姿势，后视镜中的参照点的位置也有差别。不同的后视镜也有些差别。如果驾驶姿势变化过大，头部转动、前后左右移动范围过大时，后视镜中参照点的位置也会发生很大变化，这就是看到的参照点的位置一样，有时候成功了，有时候却又失败了的原因。所以驾驶中要注意保持和选参照点时差不多的姿势驾驶。

下面各图中的参照点位置用于示范驾驶方法，实际驾驶中基本也是这些位置。

倒车入位原理如图3-2所示。在整个操作过程中，前进时挂1挡，后退时挂倒挡。可利用半联动把车速控制在缓行状态。

对一般的小轿车来说，车身左边距离7米线约1.5米就是合适的横向距离；从起始点后退1米多，就是合适的纵向距离。

第一步：从右起点倒车入库。

首先向下调整左右后视镜，调整到容易观察地面标线和车尾的位置。在起点，通过后视镜看清库位线的位置，倒车中，以看右后视镜为主，并不时看左后视镜，防止

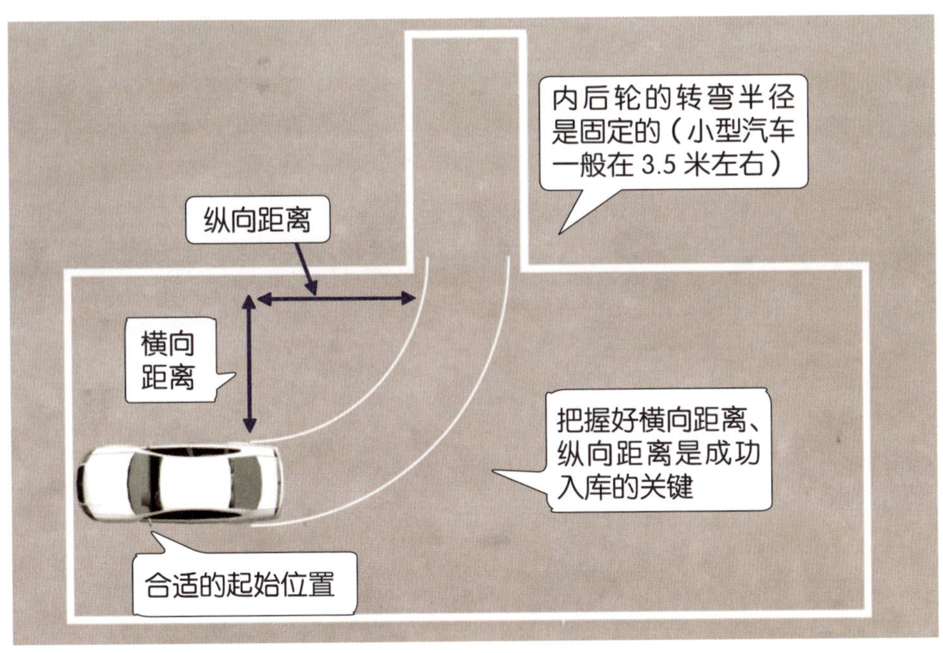

（a）

图 3-2

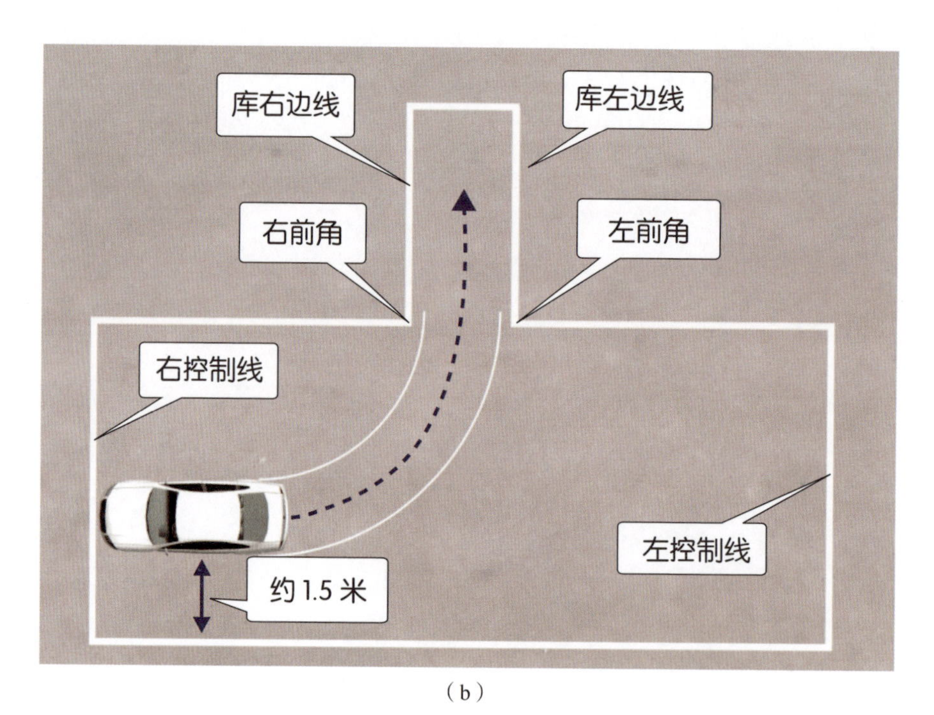

（b）

图 3-2 倒车入位原理

车身驶出左侧边线。实际驾驶中还要不时看车内后视镜，防止撞上后方障碍物。倒车时必须缓行。操作方法如下。

❶ 挂倒挡，后退1米多，立即向右打满方向。

后退1米多可通过看库的右前角的位置来决定，如图3-3（a）所示；也可通过看右控制线的位置来决定，如图3-3（b）所示。

（a）

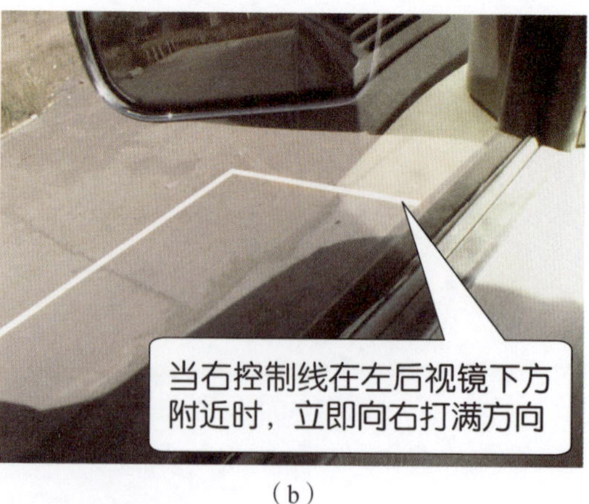

（b）

图 3-3 后退 1 米多时后视镜中的影像

提示

由于车后的物体离车越近，影像在后视镜中就越往下，所以，倒车时上方的影像，也就是远处物体的影像，将向后视镜下框移动，进入后视镜盲区后，影像消失。倒车时，库位线在后视镜中的移动也是这样。

当库右前角快到图3–3（a）中的位置时，后轮距库的右边线4米左右，比后轮的转弯半径稍大一点，这时候打满方向，然后看着右后视镜略微调整车尾的位置，就可以顺利倒入库中。

❷ 接下来的操作如图3-4所示。

（a）

（b）

图 3-4

（c）

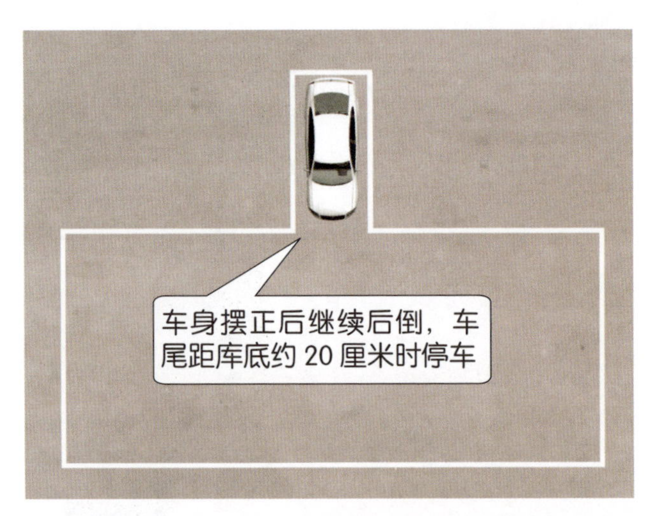

（d）

图 3-4　继续后倒至车身在库中平行居中

第二步：出库开到左起点。

操作方法如下。

❶ 挂1挡，前进到后轮与边线平行时，车内看就是车头遮住7米线附近，立即向左打满方向。参见图3-5（a）。

❷ 车身将与左边线平行时，立即向右回正方向。如图3-5（b）所示。

❸ 前进到车轮压左控制线时停车。如图3-5（c）所示。

（a）

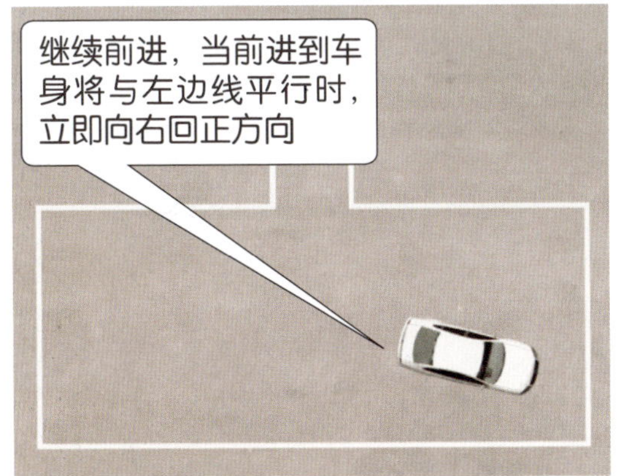

（b）

图 3-5

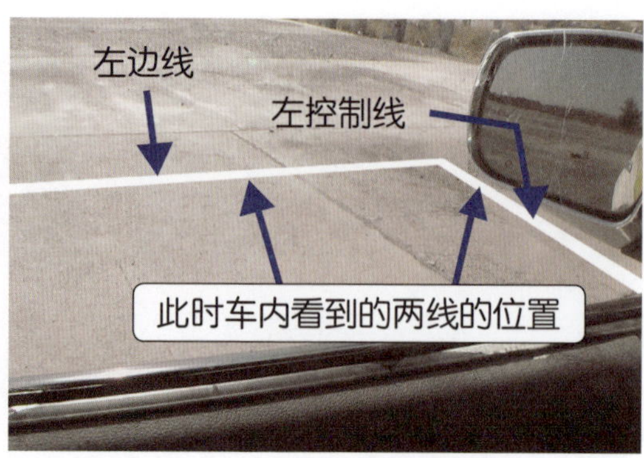

（c）

图 3-5　出库开到左起点

第三步：从左起点倒车入库。

左倒入位看车位左前角的位置，也就是选它为参照点。方法与右倒入库一样，只是以看左后视镜为主，并不时看右后视镜，防止车身出右侧边线。操作方法如下。

❶ 挂倒挡，后退1米多，看车位线的位置向左打满方向。如图3-6（a）所示。

❷ 继续后倒，当车身与库位即将平行时，向右回正方向，如图3-6（b）所示。如有偏斜，略微调整即可。

❸ 回正后继续后倒，参见图3-6（c）。距库底20厘米左右停车。

（a）

（b）

（c）

图 3-6　从左起点倒车入库

第四步：出库开到右起点。

操作方法如下。

❶ 挂1挡，前进到后轮与边线平行时，车内看就是车头遮住7米线附近，立即向右打满方向。参见图3-7（a）。

❷ 车身将与7米线平行时，参见图3-7（b），立即向左回正方向。

❸ 开到起点时停车。

整个操作完成。

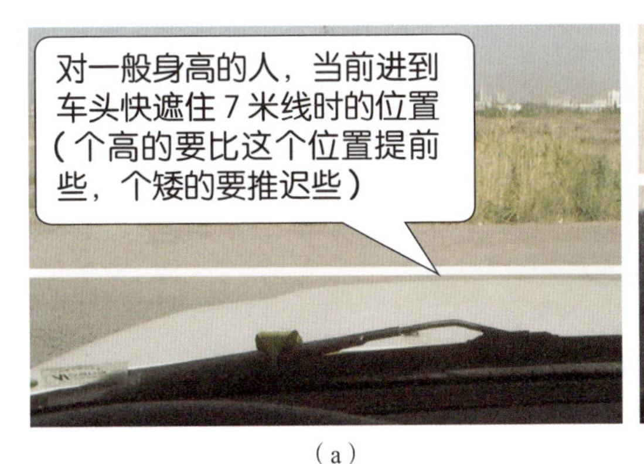

（a）

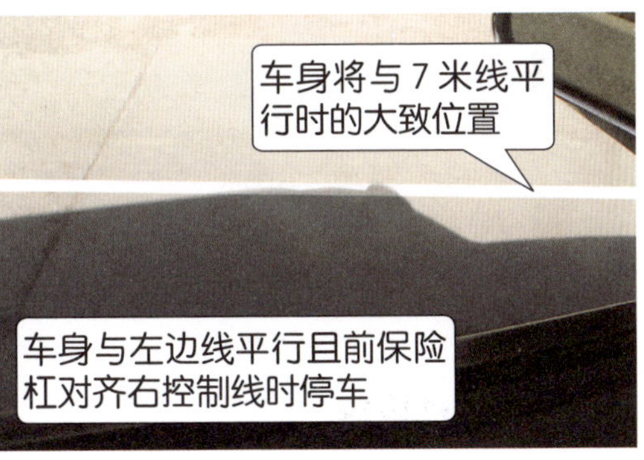

（b）

图 3-7　出库开到右起点

3.2 坡道定点停车和起步

3.2.1 考核目的

考核机动车驾驶人在坡道上驾驶车辆的技能，准确判断车辆的位置，正确使用制动、挡位和离合器，以适应在上坡路段停车与起步的需要。

3.2.2 考场布局及评判标准

考场布局如图3-8所示。考试评判标准如下：

❶没有定点停车，不合格；❷车辆停止后，汽车前保险杠未到控制线，不合格；❸停车后后溜大于30厘米，不合格；❹车辆行驶中压道路边缘实线，不合格；❺起步时间超过30秒，不合格；❻停车后后溜小于30厘米，扣10分；❼起步未开左转向灯，扣10分；❽车辆停止后，前保险杠未到停车线，扣10分；❾停车时右前轮距边缘线30厘米以上，扣10分。

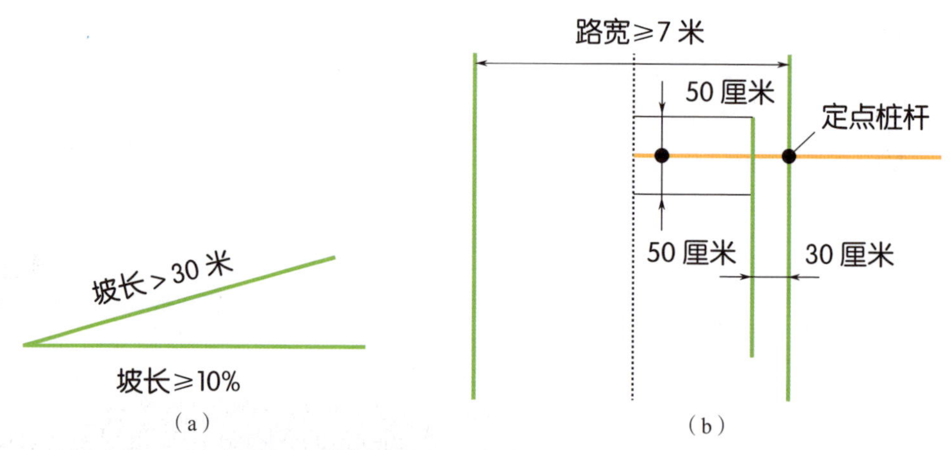

图3-8 坡道定点停车和起步考场布局

3.2.3 操作要求

机动车驾驶人应通过视觉和感觉及时判断坡道的坡度大小、长短及路宽等道路情况，采取正确的操作方法，控制车辆平稳停车和起步。做到转向正确，换挡迅速，操纵加速踏板、驻车制动器和离合器踏板的动作准确协调。

3.2.4　考试攻略

（1）坡道定点停车

停车要求如图3-9所示。可以采用“三把方向”停车法（用于短距离靠右边停车），熟练后可以做到紧贴边线停车。

所谓“三把方向”，即先向右打一把方向；靠近右边线时向左回一把，多回一点；车身快与右边线平行时再向右回多向左回的那一点。回正后车身刚好与边线平行，且距右边线30厘米以内。如图3-10所示。

上坡前，按考试规定（不同地方考试要求有所差别），加到相应的挡位，视坡度加速冲车。上坡后开始减挡。

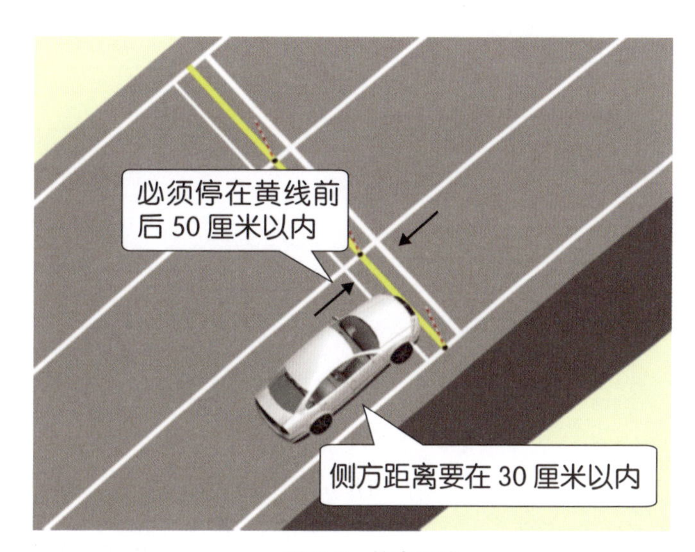

图3-9　停车要求

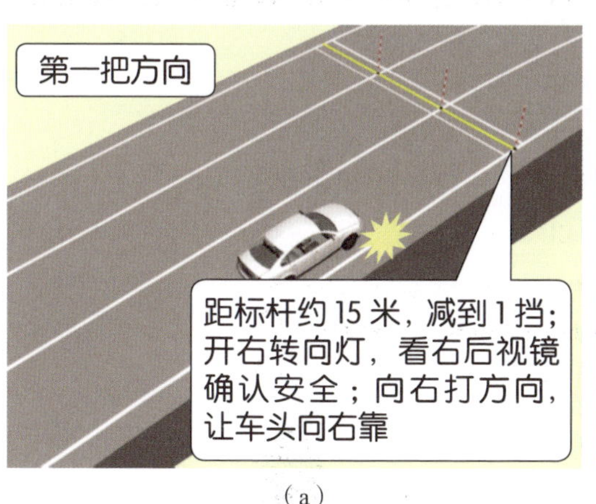

（a）

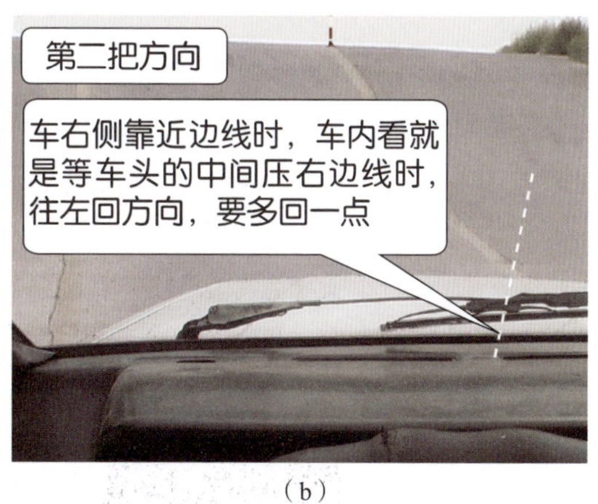

（b）

图3-10

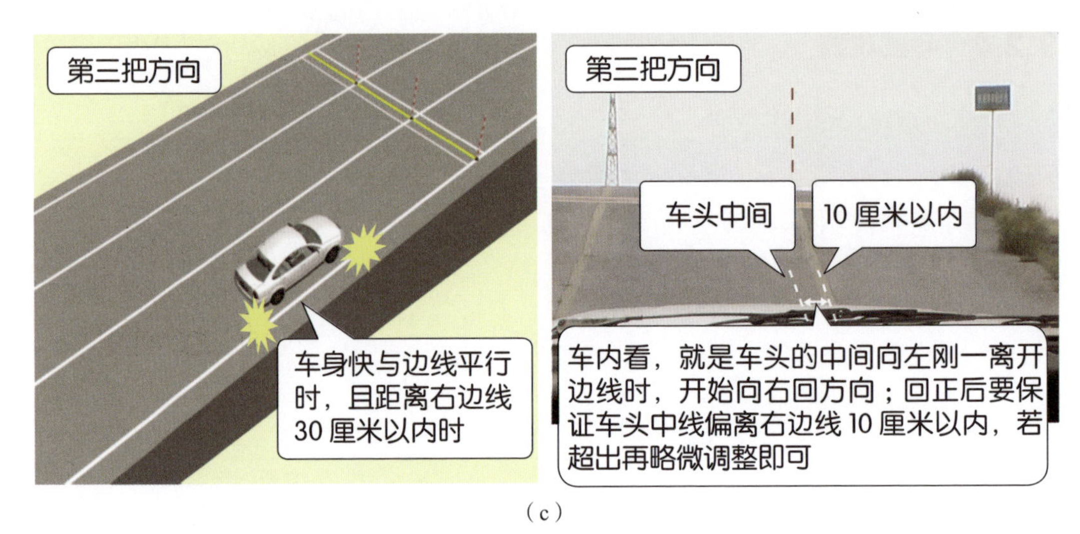

（c）

图3-10 “三把方向”停车法

接下来的操作如图3-11所示。

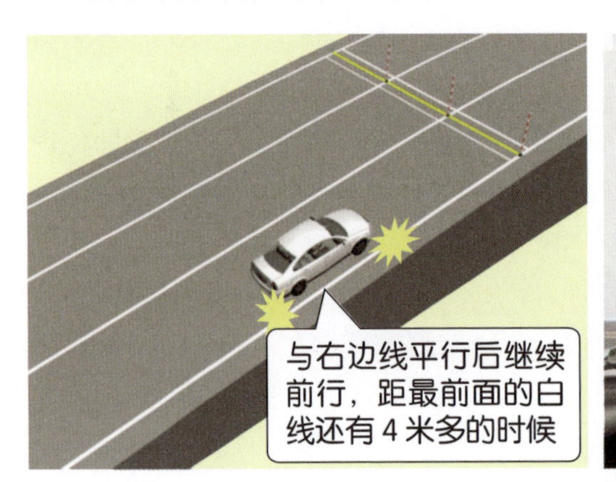

（a）

（b）

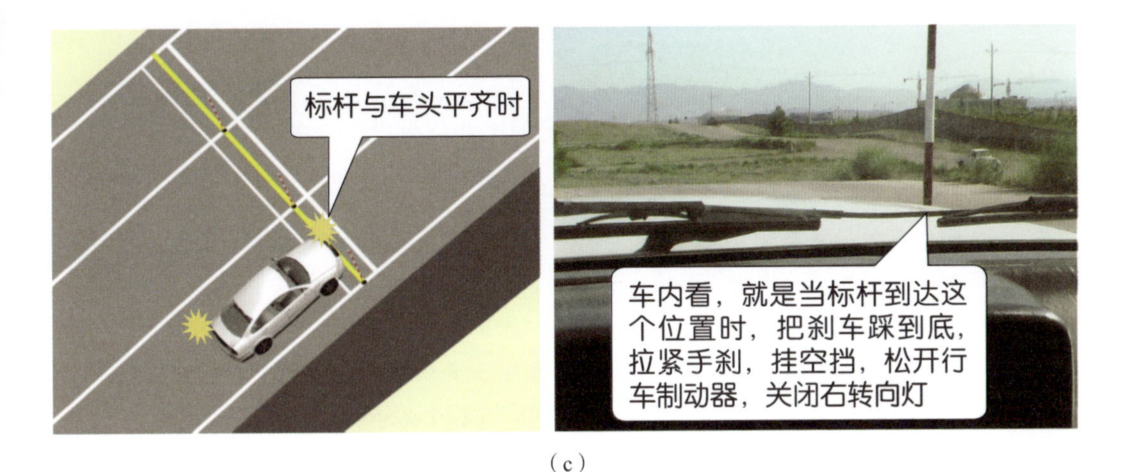

（c）

前保险杠与黄色停止线对齐
右侧距右边线在30厘米以内
确定好右侧距离后，还可以通过看左侧黄色标线的位置确定前保险杠的位置：当黄色标线在左后视镜后面约5厘米处时，就可以断定前保险杠与黄色标线平齐

（d）

图3-11　坡道定点停车

（2）坡道起步

操作方法：踩下离合器，挂1挡，开左转向灯，按喇叭（扫视右、内后视镜），看前方、看左后视镜，右手向后拉紧手刹，拇指按下手刹锁紧按钮，不加油（不熟练时可以先加点油）慢松离合器至半联动，稳住（此时发动机声音下降，转速表指示下降，对于一般的坡，控制得好时，不松手刹也不会熄火，即使不加油松开手刹车辆也不会后溜）；松手刹后，根据坡度大小，适当踩下油门（也可以在边平稳加油的同时边松手刹，不熟练时可在半联动时先加点油稳定发动机，再松手刹），车动后继续边慢松离合器边加油，即可平稳起步。如果熄火或后溜，可立即踩刹车，重新拉紧手刹，重做上述操作。

说明

按上面的方法可以做到不熄火不后溜且非常平稳地起步。离合器、手刹、油门的配合方法可任选其一，以平稳起步为原则。

松手刹要领：半联动松手刹时，左腿一定要稳住（右手松手刹下降时容易无意中抬起左腿，导致离合器完全接合而造成熄火现象）。也不要往下放左腿，否则也容易后溜。

油门过小、松离合器过猛、松手刹过迟或没有松彻底，都可能导致熄火。松离合器还没有到半联动状态时就开始松手刹，将导致车辆后溜。

猛加油猛松离合器可导致冲车，对机件不好。

3.3 侧方停车

3.3.1 考核目的

考核机动车驾驶人将车辆正确停入道路右侧车位（库）的技能。

3.3.2 考场布局及评判标准

考场布局如图3-12所示。考试评判标准如下：

❶ 车辆在入库停止后，车身出线，不合格；

❷ 未停车于库内，不合格；

❸ 中途停车，不合格；

❹ 行驶中轮胎触轧车道边线，扣10分；

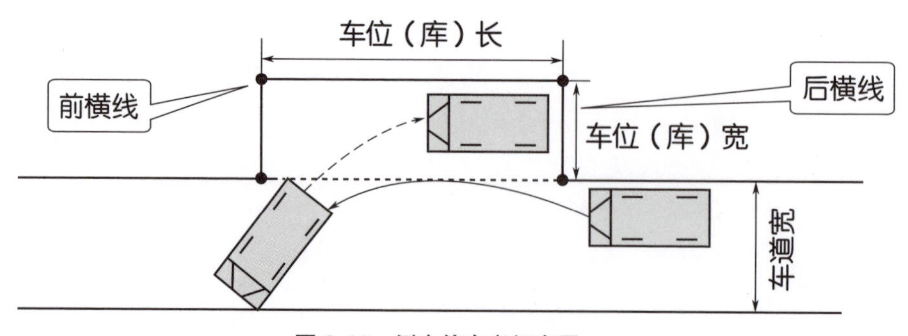

图3-12 侧方停车考场布局

❺ 起步未开左转向灯，扣10分；

❻ 倒车未开右转向灯，扣10分。

3.3.3　操作要求

机动车驾驶人驾驶车辆在车轮不轧碰车道边线、库位边线的情况下，通过一进一退的方式，将车辆停入右侧车位（库）中。车辆在入库停止后，车身不得出线，倒车中车头不得出车位前横线，行驶中轮胎不得触轧车道边线。

说明

培养判断车辆四角空间位置的能力是防止实际驾驶中发生四角碰擦事故的重要途径。驾驶员朋友可以采用在矿泉水瓶中装土或沙石、插树枝制作简易桩杆，摆在车位四角的方法，进行训练。

3.3.4　考试攻略

扫一扫
看动画
演示视频

（1）与右侧路边线相距约30厘米前行

操作方法如图3-13所示。

此时，前门把手调整到了右后视镜的中线上，后视镜的下边线刚好大致对应后轮轴的位置。不同车型略有差别，可以通过实验调整到合适的位置。

左后视镜情况类似。

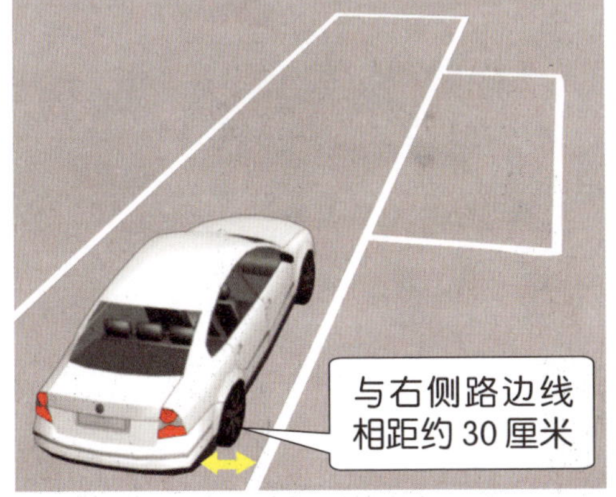

（a）

图3-13

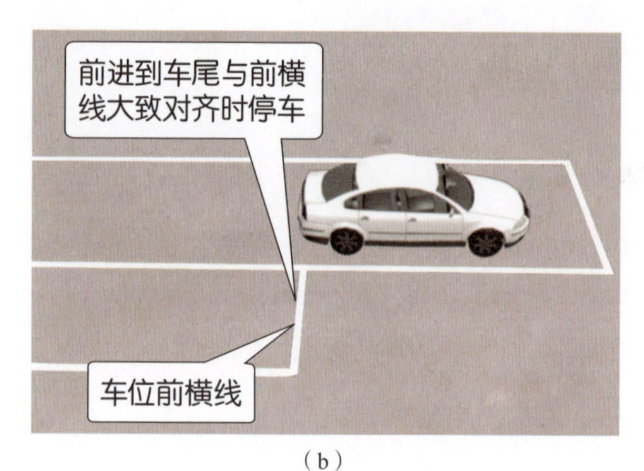

（b）

图 3-13　侧方停车操作步骤（一）

（2）后退入位

手动挡车挂倒挡，半联动（自动挡车直接挂倒挡），不加油，缓行即可。操作方法如图3-14所示。

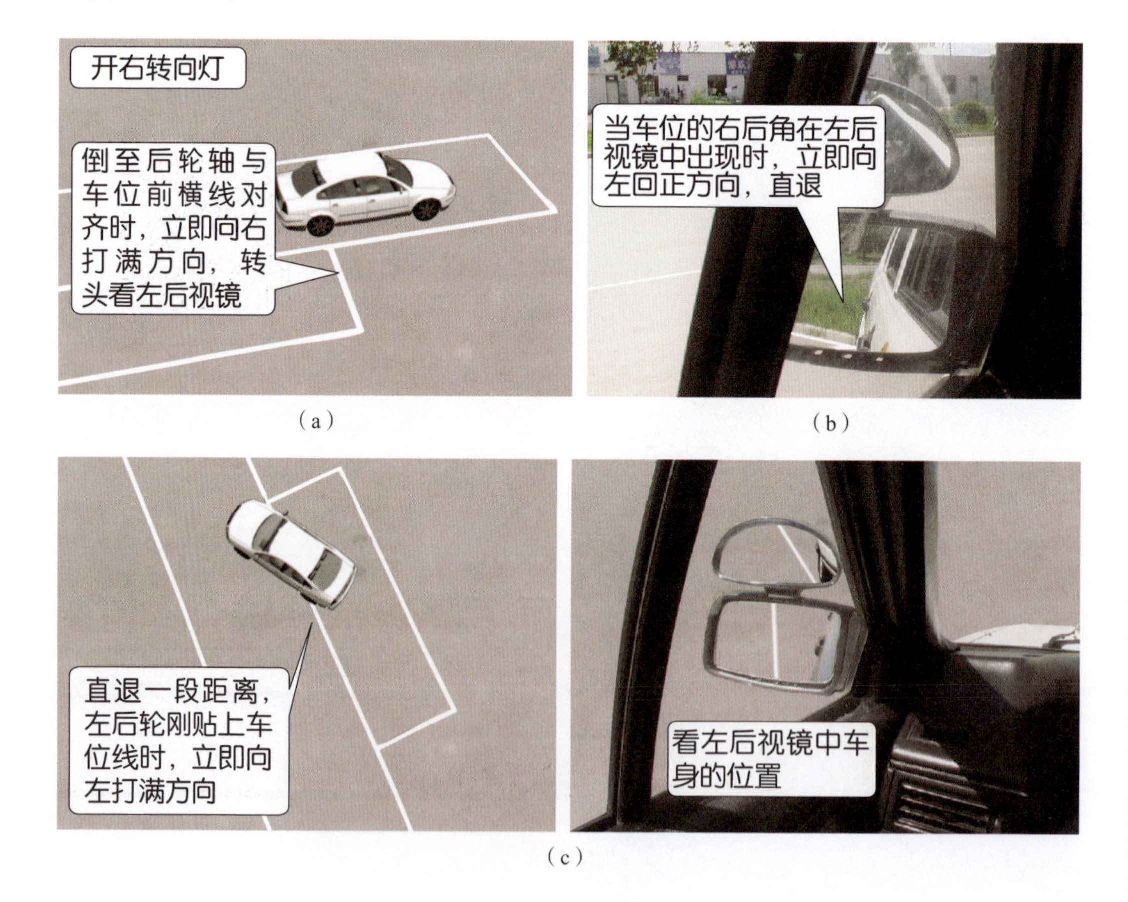

（a）　（b）

（c）

（d）

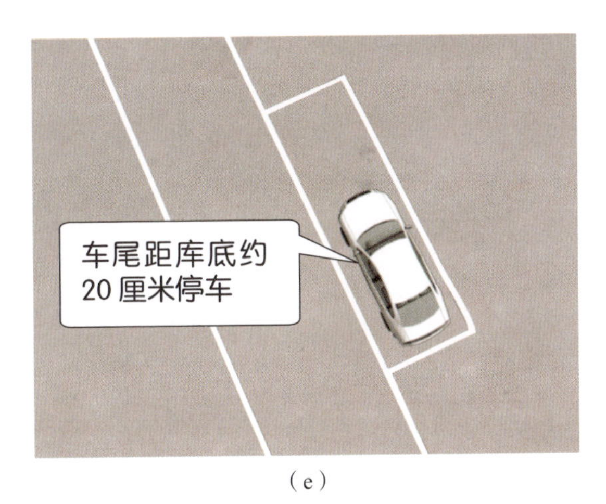

（e）

图 3-14　侧方停车操作步骤（二）

（3）驶出车位

开左转向灯。手动挡车挂1挡，半联动（自动挡车挂D挡），稍加油即可。向左打满方向前进。车头左三分之一遮住路左边线时，向右回方向，调整车身与路边线平行，开到指定位置即可。如图3-15所示。

图 3-15　侧方停车操作步骤（三）

3.4 曲线行驶

3.4.1 考核目的

考核机动车驾驶人操纵转向、控制车辆曲线行驶的能力。

3.4.2 考场布局及评判标准

考场布局如图3-16所示。考试评判标准如下。

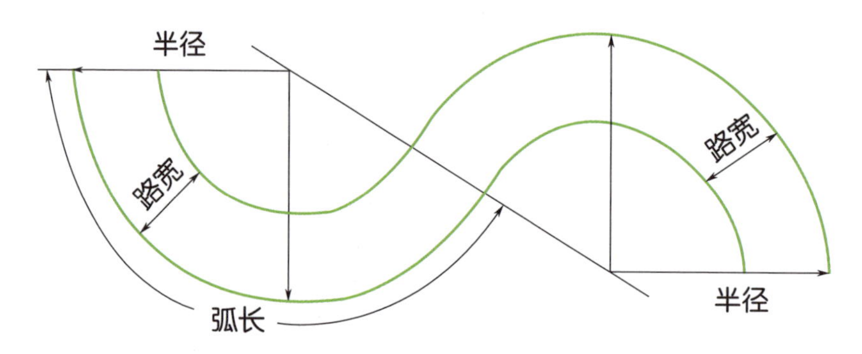

图 3-16 曲线行驶考场布局

❶ 车轮压道路边缘线，不合格；

❷ 中途停车，不合格。

3.4.3 操作要求

机动车驾驶人驾驶车辆从弯道的一端前进驶入，减速换挡，以低挡低速从另一端驶出。行驶中不得轧弯道边缘线，转向自如。

3.4.4 考试攻略

（1）转左弯

入口进入盲区前，对准入口。操作方法如图3-17所示。

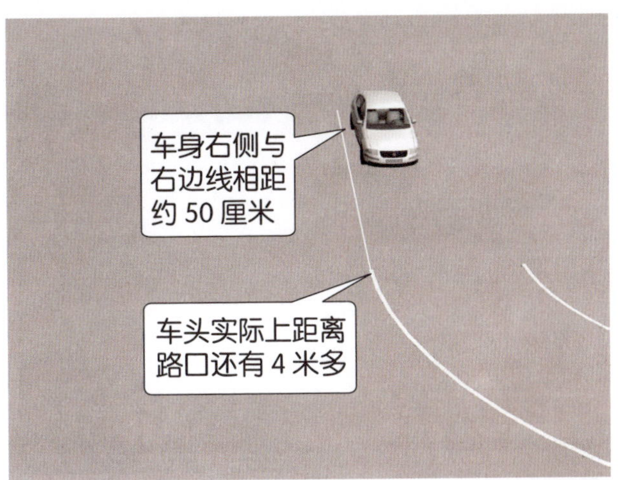
车身右侧与
右边线相距
约 50 厘米
车头实际上距离
路口还有 4 米多

车内看，就是
车头中间偏右
15 厘米遮住左
弯右侧弧线
左弯右侧弧线
车头中间对应
右轮位置

直行
左筋
车头接近入口时，车内看，就
是等右侧弧线快到左筋或雨刮
器上的点时，逐渐向左打方向

（a）

图 3-17

（b）

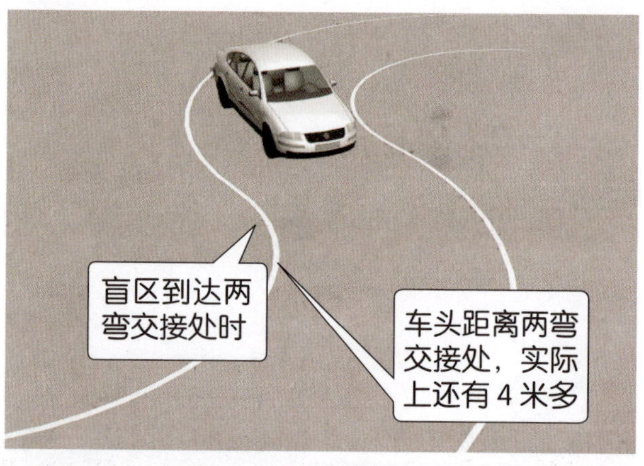

（c）

图 3-17　曲线行驶操作步骤（一）

（2）变换方向

车头接近两弯交接处时，向右打方向，如图3-18所示。

（a）

（b）

图3-18　曲线行驶操作步骤（二）

（3）转右弯

进入右弯时，稳住方向继续前进，操作方法如图3-19所示。

（a）

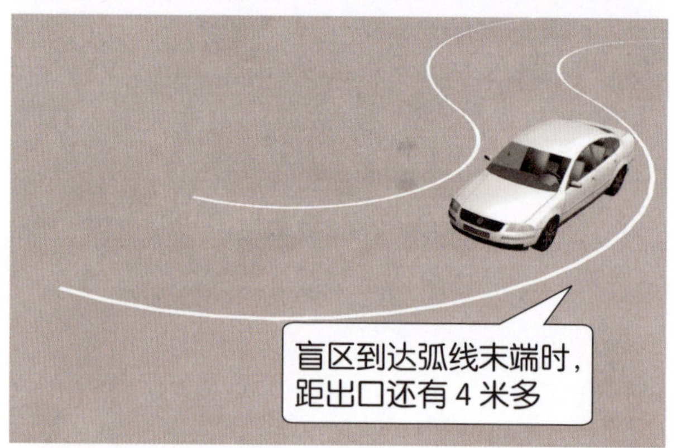

（b）

图3-19　曲线行驶操作步骤（三）

（4）驶出

车身即将驶出时，注意向左转头，看一眼左侧出口弧线，即将到达末端时，操作方法如图3-20所示。

（a）（b）

图3-20 曲线行驶操作步骤（四）

3.5 直角转弯 

3.5.1 考核目的

考核机动车驾驶人在急弯路段驾驶车辆时，正确操纵转向、准确判断车辆内、外轮差的能力。

3.5.2 考场布局及评判标准

考场布局如图3-21所示。考试评判标准如下。

❶ 车轮压道路边缘线，不合格；

❷ 中途停车，不合格。

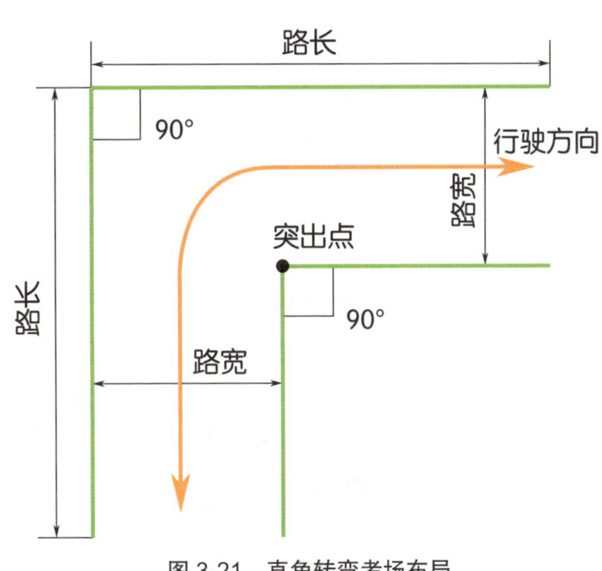

图3-21 直角转弯考场布局

3.5.3 操作要求

机动车驾驶人驾驶车辆按规定的线路低速行驶，由左向右或者由右向左直角转弯，一次通过，中途不得停车。

3.5.4 考试攻略

（1）左转过弯

第一步：紧贴右边线对准入口。

操作方法如图3-22所示。

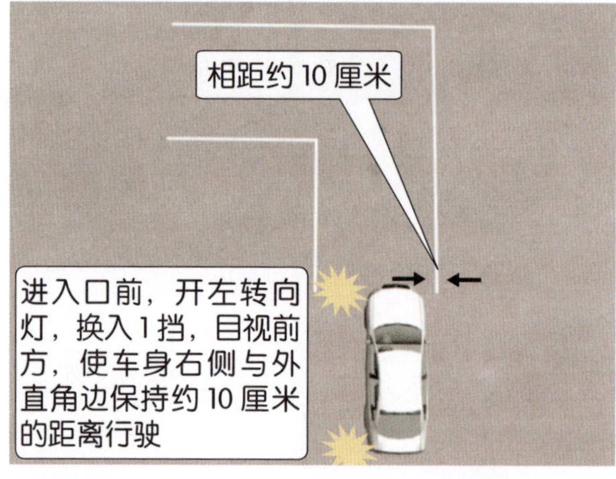

（a）

（b）

图3-22 左转过弯操作步骤（一）

第二步：向左打满方向。

操作方法如图3-23所示。

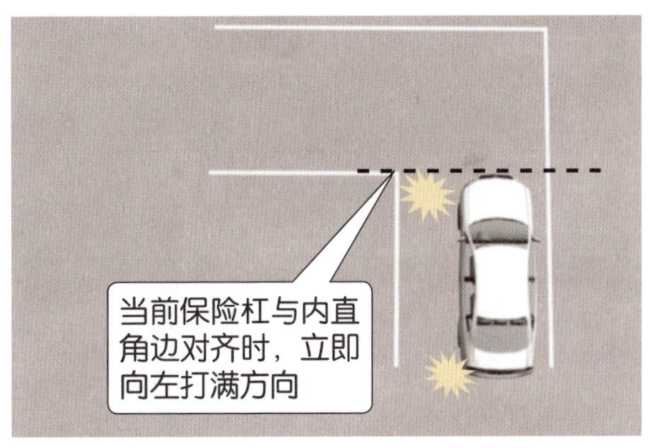

（a）

（b）

图3-23　左转过弯操作步骤（二）

第三步：向右回方向。

操作方法如图3-24所示。

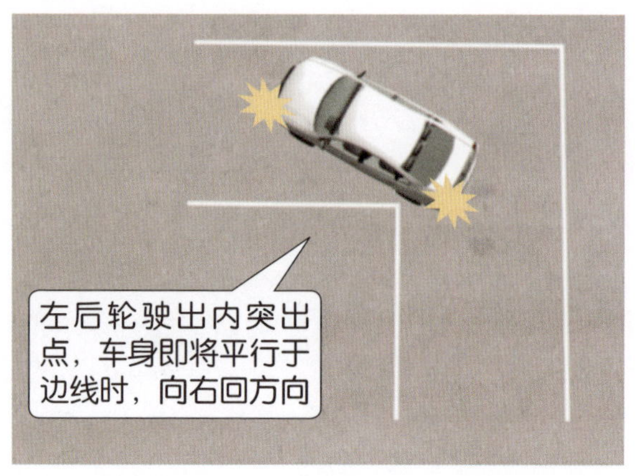

（a）

（b）

图 3-24　左转过弯操作步骤（三）

第四步：向右回方向。

操作方法如图3-25所示。

图 3-25　左转过弯操作步骤（四）

（2）右转过弯

第一步：紧贴右边线对准入口。

进入口前，开右转向灯，换入1挡，操作方法如图3-26所示。

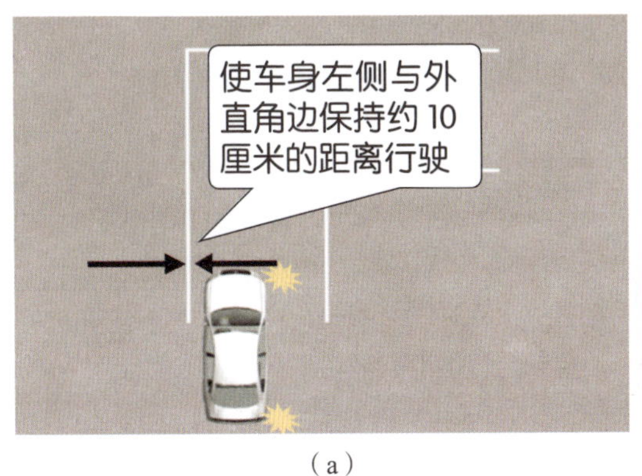

（a）

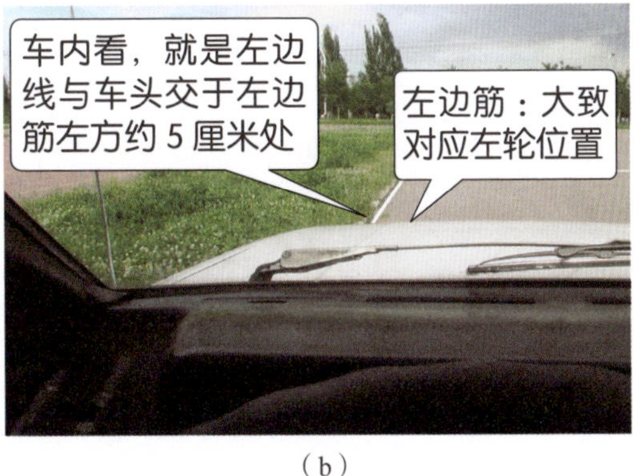

（b）

图 3-26　右转过弯操作步骤（一）

第二步：向右打满方向。

操作方法如图3-27所示。

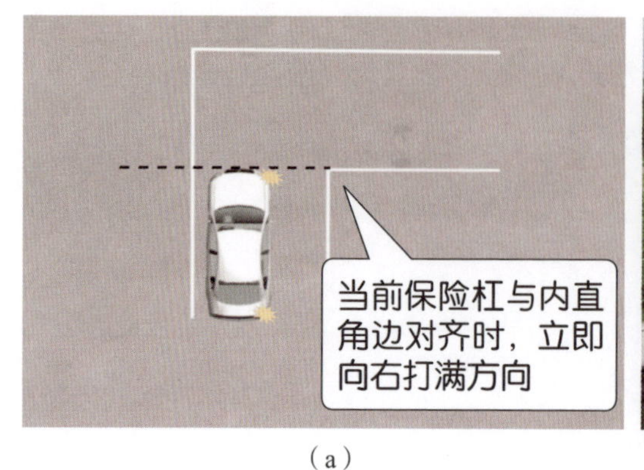

（a）

（b）

图 3-27　右转过弯操作步骤（二）

第三步：向左回方向。

操作方法如图3-28所示。

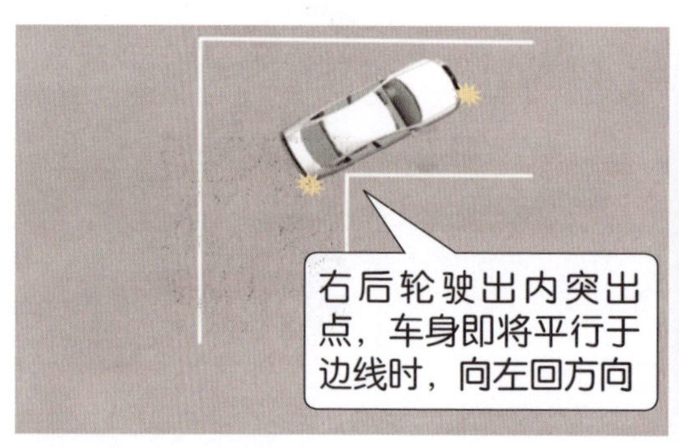

（a）

（b）

图 3-28　右转过弯操作步骤（三）

向左回正方向后，直行驶出即可

图 3-29　右转过弯操作步骤（四）

第四步：回正方向驶出。

操作方法如图3-29所示。

第4章 科目三（道路驾驶技能）考试攻略

4.1 上车准备

4.1.1 考核目的及评判标准

考核上车前检查、观察车辆外观和周围环境的要领。

评判标准如下：

❶ 不绕车一周检查车辆外观及安全状况，不合格；

❷ 打开车门前不观察后方交通情况，不合格。

4.1.2 考试攻略

❶ 从起点出发围车绕行一周，观察车辆外观有无损毁、周围环境是否安全；检查有无障碍物、轮胎花纹间有无异物、轮胎气压是否正常等。如图4-1所示。

图4-1　围车绕行观察

❷ 到达车辆左侧后，再次观察前后方道路情况，如图4-2所示。绕行结束后大声喊“报告”。

图 4-2　到达车辆左侧后再次观察

4.2 起步

4.2.1 考核目的

考核起步前的检查、调整、观察要领和安全平稳起步的驾驶方法。

4.2.2 评判标准及考试攻略

❶ 车门未关闭起步，不合格。

攻略：上车后记住第一件事就是关好车门。

❷ 起步前，未通过后视镜并向左方侧头，观察左、后方交通情况，不合格。

攻略：后视镜有盲区，起步前的观察要领如图4-3所示。

❸ 启动发动机前，不调整驾驶座椅、后视镜、检查仪表，扣5分。

攻略：观察后视镜位置是否合适，如不合适则调整驾驶座椅、后视镜到合适的位置。看各仪表，轰一脚油门，看仪表工作是否正常。

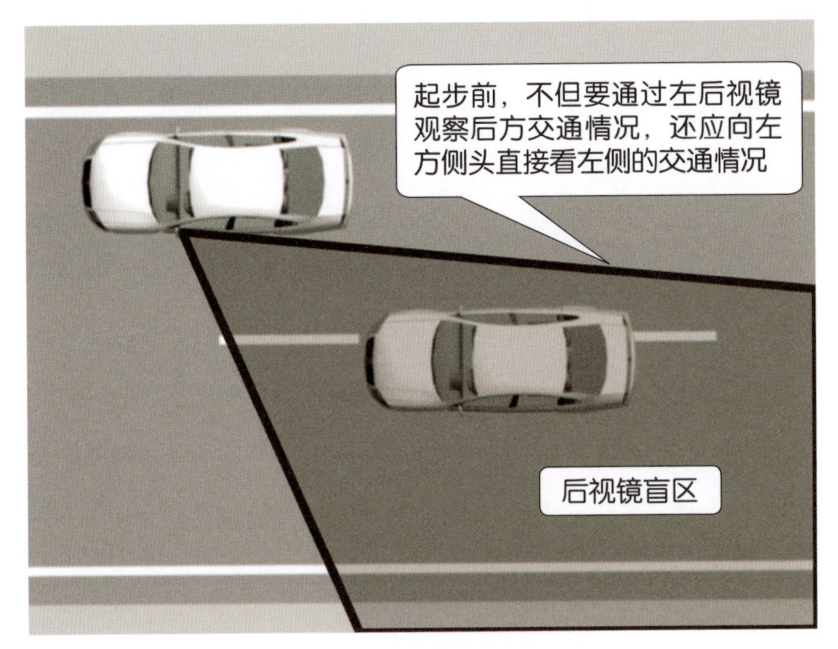

图 4-3　起步前的观察

❹ 启动发动机时，变速器操纵杆未置于空挡（或P挡），扣10分。

攻略：启动发动机前用手左右晃动变速器操纵杆，检查是否在空挡（或者P挡）位置，不要用眼看。

❺ 发动机启动后，不及时松开启动开关，扣10分。

攻略：发动机启动后立即松开启动开关。

❻ 不松驻车制动器起步，扣10分。

攻略：起步前要松开驻车制动器。如有缓坡要按坡道起步操作方法起步，即使平路也可按坡道起步操作方法起步。

❼ 道路交通情况复杂时起步不能合理使用喇叭，扣10分。

攻略：如遇行人等其他交通参与者不避让等情况，起步前应适当鸣喇叭（禁鸣区除外），等他们避让开后再起步。

❽ 起步时车辆发生闯动，扣10分。

攻略：平路起步时，松离合器到半联动前不要加油，松离合器到半联动时，稍停顿，稳住，等车动后边缓加油边松离合器，直到完全松开，即可平稳起步；坡道起步时，松离合器到发动机声音下降，车身抖动快被憋熄火前稍停顿并稳住离合器，再松手刹，根据坡度大小，适当踩下油门（也可以在边平稳加油的同时边松手刹，不熟练时可在半联动时先加点油稳定发动机，再松手刹），等车动后边缓加油边松离合器，直到完全松开，即可平稳起步。

❾ 起步时，加速踏板控制不当，致使发动机转速过高，扣5分。

攻略：半联动前不加油或稍加油，进入半联动再根据道路阻力情况（根据发动机声音判断）适当加油。

4.3 直线行驶

4.3.1 考核目的

掌握根据道路情况合理控制车速、保持直线行驶，跟车距离适当，行驶过程中适时观察车内、外后视镜的驾驶方法。

4.3.2 评判标准及考试攻略

❶ 方向控制不稳，不能保持车辆直线运动状态，不合格。

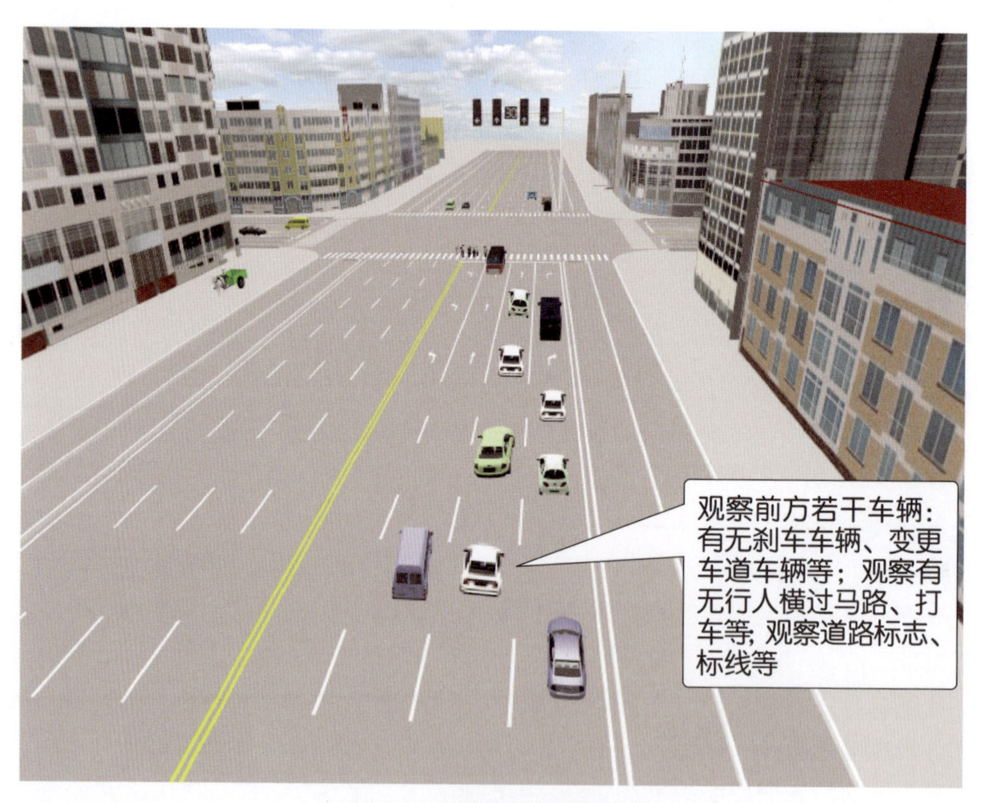

图 4-4 直线行驶考试攻略

攻略：眼看道路前方150米之外，跑偏时要少打少回，速度越快打、回越少，稍微来回搓动一点即可。

❷ 遇前车制动时不采取减速措施，不合格。

攻略：根据前车的制动情况，采取收油门减速或制动或减挡等措施。

❸ 超过20秒不通过后视镜观察后方交通情况，扣10分。

攻略：通过三块后视镜观察后方交通情况的时间间隔要控制在20秒以内。

❹ 不了解车辆行驶速度，扣10分。

攻略：注意观察速度表。

❺ 未及时发现路面障碍物，未及时采取减速措施，扣10分。

攻略：视线不要离开行驶路线，一旦发现障碍要及时采取收油门或制动或减挡等减速措施。

如图4-4所示。

4.4 加减挡位操作 

4.4.1 考核目的

掌握根据道路交通状况和车速，合理加减挡，及时、平顺换挡的驾驶方法。

4.4.2 评判标准

❶ 不按道路交通状况和车速加减挡位的，不合格；

❷ 低头看挡，扣10分；

❸ 越级换挡，扣10分。

4.4.3 考试攻略

（1）加挡操作

以手动挡车、1挡—2挡—3挡为例，操作方法如下。

❶ 用1挡起步后，在道路和交通情况允许的条件下，平稳地踩下油门踏板；

❷ 提高车速（冲车），当车速适合时，将变速杆移入空挡，随即向左、向后用力，换入2挡；

❸ 接着边松离合器踏板，边匀速踏下油门踏板，待加速至适合3挡的车速时，换入3挡（更高一级挡位）。

提示

❶ 加挡只能逐级加。加挡的关键在加挡前提高车速。

❷ 操作油门踏板要“匀速缓加、快抬”。换入的挡位越高，抬离合器的速度就要越快。

❸ 在中速挡（3挡）以下加挡的过程中，换入高一级挡位后，离合器踏板松抬至半联动位置时，稍停顿再抬起，可使发动机动力平稳传递，避免车辆发生“冲”“闯”“抖动”现象。

（2）减挡操作

以手动挡车、5挡—4挡为例，操作方法如下。

❶ 抬起油门踏板的同时，迅速踏下离合器踏板；

❷ 将变速杆由5挡移到空挡，再换入4挡（低一级挡位）；

❸ 然后，边放松离合器踏板，边踏下油门踏板，使汽车继续平稳行驶。

提示

减挡过程主要依靠惯性前进。

（3）换挡时机

❶ 加挡时机。汽车行驶时，只要道路情况允许，应迅速由低速挡逐级换入高速挡，加挡操作必须将车速提高到一定程度后进行。初学者可通过观察车速表来掌握换挡时机。有经验者，不必看车速表，可以凭发动机的声音（转速的变化）和车辆动力的大小来判断换挡时机。判断方法如下：

a.如踏下油门踏板，发动机声音变大，而车速提高不大，说明动力充足，可换入高一级挡位；依次加挡，直到最高挡为止。

b.如果换入新的挡位后，踏下油门踏板，发动机转速不高，车速仍然加快，且无抖动现象，说明换挡时机合适；如果换入高一级挡位后，踏下油门踏板时，发动机转速下降，说明加挡时机过早。

❷ 减挡时机。汽车在行驶中，当遇到阻力较大的路段或上坡时，如果发动机声音变低（转速下降），车速逐渐下降，说明动力不足，应迅速减挡。减一级挡位后，如果能保持稳速行驶或加速行驶，则说明换挡时机合适。

4.5　变更车道

扫一扫
看动画
演示视频

4.5.1　考核目的

掌握变更车道时观察、判断车辆安全距离，控制行驶速度、使用灯光信号的安全驾驶方法。

4.5.2　评判标准及考试攻略

❶ 变更车道前，不通过内、外后视镜观察后方道路交通情况，不合格。

攻略：后视镜有盲区，变更车道前，不但要通过左（或右）后视镜和内后视镜观察后方交通情况，还应向左或右方侧头直接看左或右侧的交通情况。

❷ 变更车道时，判断车辆安全距离不合理，妨碍其他车辆正常行驶，不合格。

攻略：变更车道时和前方、后方的车辆要保持20米以上的安全距离，横向距离要在1米以上。

❸ 连续变更两条以上车道，不合格。

攻略：变更完一个车道后直行一会儿，再变更到下一个车道。

变更车道时的观察要领如图4-5所示，图中以向左变更车道为例。

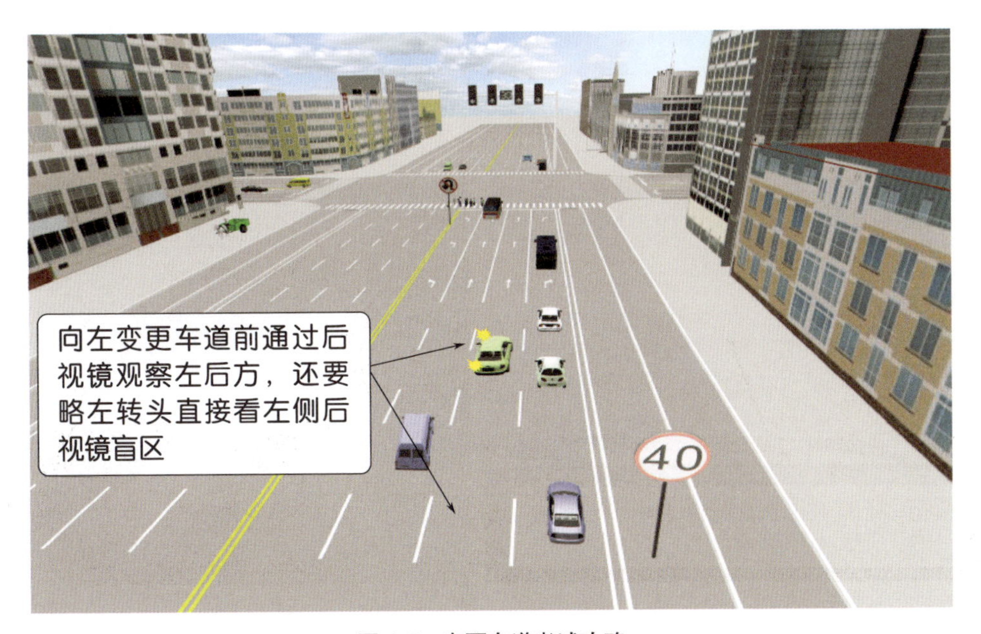

图 4-5　变更车道考试攻略

4.6 靠边停车

4.6.1 考核目的

掌握靠路边顺位停车、倒入平行式停车位、倒入垂直式停车位的操作方法。

4.6.2 评判标准

❶ 停车前，不通过内、外后视镜观察后方和右侧交通情况，不合格。
❷ 停车后，车身超过道路右侧边缘线或者人行道边缘，不合格。
❸ 停车后，在车内开门前不侧头观察侧后方和左侧交通情况，不合格。
❹ 停车后，车身距离道路右侧边缘线或者人行道边缘大于30厘米，扣20分。
❺ 停车后，未拉紧驻车制动器，扣20分。
❻ 拉紧驻车制动器前放松行车制动踏板，扣10分。
❼ 下车后不关车门，扣10分。
❽ 下车前不将发动机熄火，扣5分。
❾ 夜间在路边临时停车不关闭前照灯或不开启警示灯，扣5分。

4.6.3 考试攻略

（1）直线行驶与停车（手动挡车）

直线行驶时的停车操作如图4-6所示。

（a）

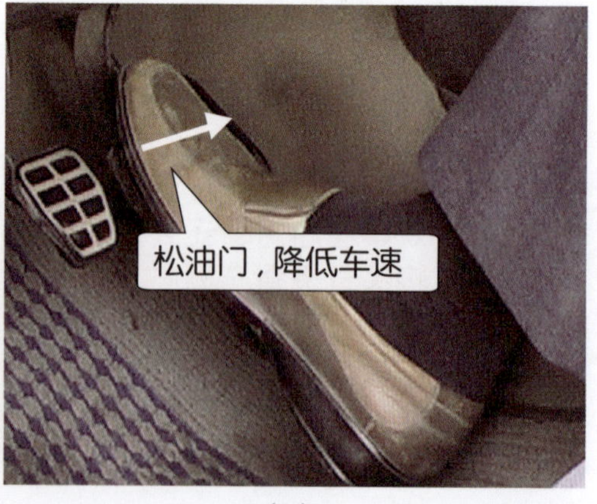

（b）

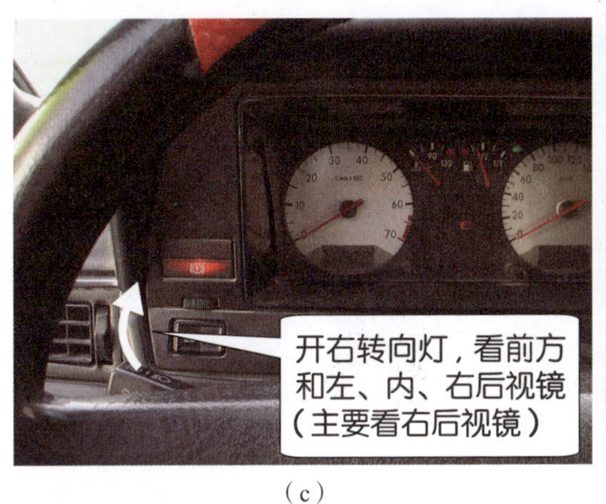
开右转向灯，看前方
和左、内、右后视镜
（主要看右后视镜）

（c）

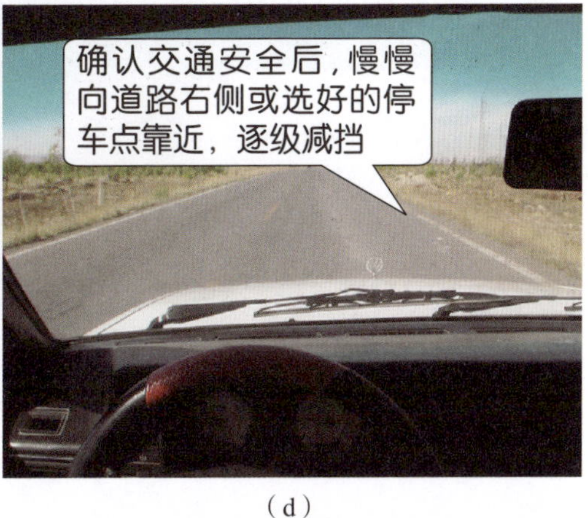
确认交通安全后，慢慢
向道路右侧或选好的停
车点靠近，逐级减挡

（d）

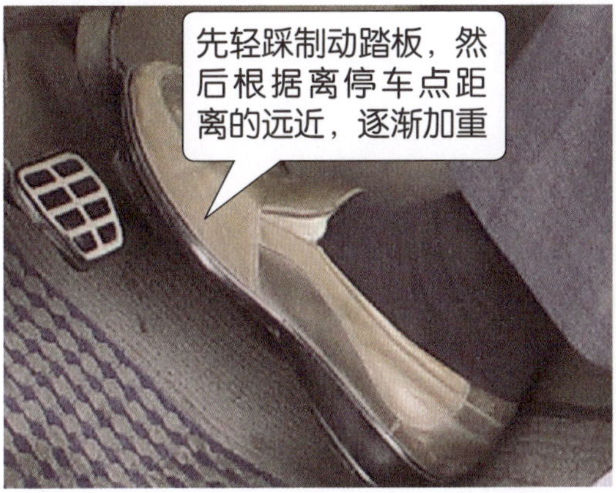

先轻踩制动踏板，然
后根据离停车点距
离的远近，逐渐加重

（e）

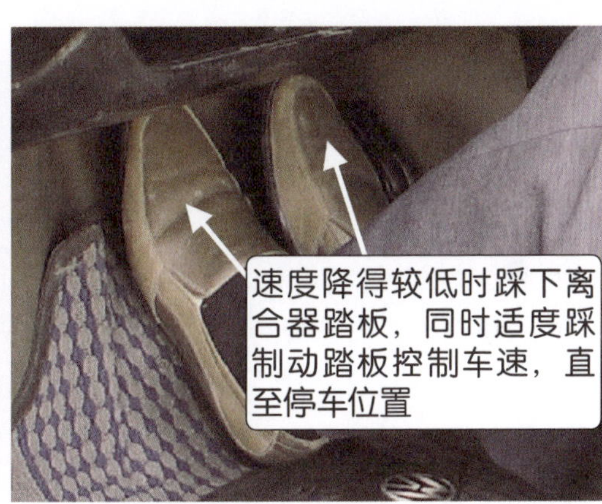
速度降得较低时踩下离
合器踏板，同时适度踩
制动踏板控制车速，直
至停车位置

（f）

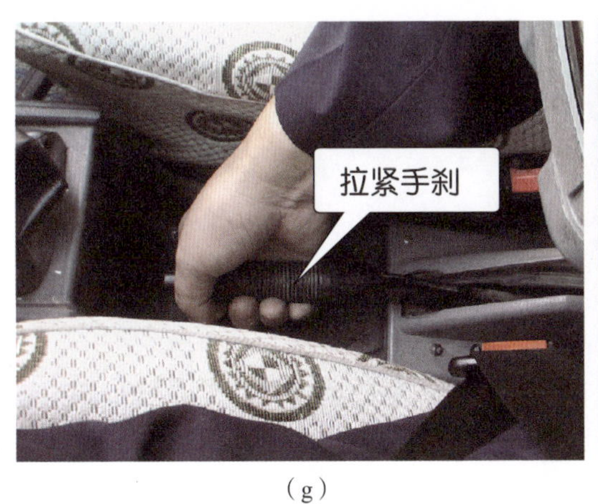
拉紧手刹

（g）

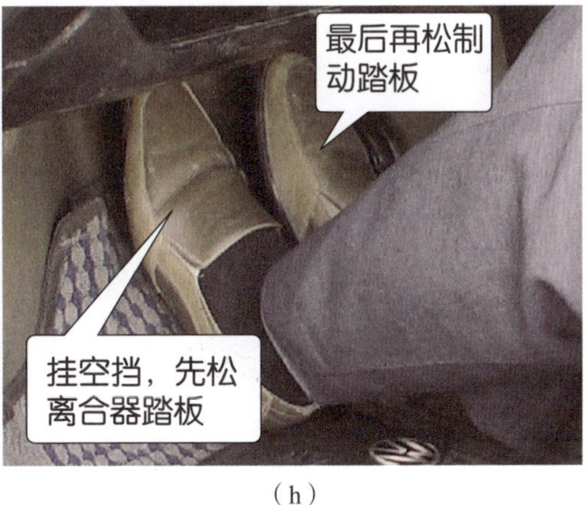
最后再松制
动踏板
挂空挡，先松
离合器踏板

（h）

图 4-6

（i）

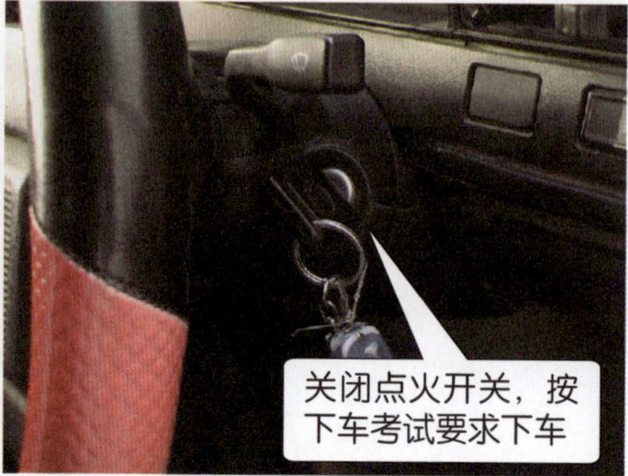

（j）

图 4-6　直线行驶时的停车操作

提示

❶ 可视停车距离的远近和车速的快慢，采用缓慢地轻、重交替踩制动踏板的办法实现平稳停车。平稳停车的关键在于恰当地运用制动踏板，特别是汽车将要停住时，要适当放松一下制动踏板，然后再适度踩下制动踏板，汽车即可平稳停住。

❷ 停车后，车身距离道路右侧边缘线或者人行道边缘应小于30厘米；夜间在路边临时停车，应关闭前照灯并开启危险报警警示灯。

（2）直线倒车与停车（手动挡车）

倒车方法主要有直接伸出头看左后方倒车（图4-7）、看后视镜倒车（图4-8）和看后窗倒车（图4-9）三种。倒车时挂倒挡，配合半联动控制车速，车速不要超过5千米/小时。

图 4-7　倒车方法（一）

（a）

（b）

（c）

图4-8 倒车方法（二）

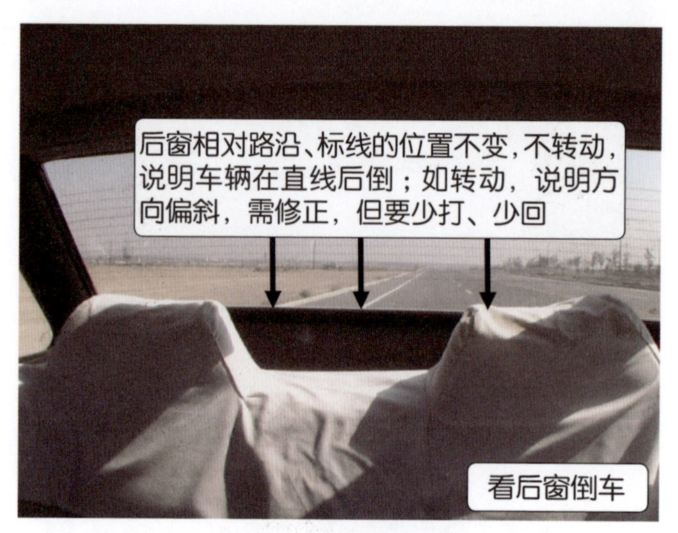

图 4-9　倒车方法（三）

提示

实际道路驾驶中情况往往比较复杂，倒车时需要反复轮流看左、右、内三后视镜。只看一块后视镜倒车，很容易顾此失彼，导致发生事故。

（3）确定车尾的位置

操作方法如图 4-10 所示。

（a）

（b）

图 4-10　确定车尾的位置

提示

后视镜也有盲区，为了看到车尾附近更多的路面，可以将头部向前、向上移动；也可调整后视镜。

（4）自动挡车停车操作

操作方法：踩下制动踏板，停车后拉紧手刹；短时间停车置于N挡，长时间停车置于P挡；松制动踏板。

若是临时停车，如遇红灯时，不必将变速杆换入N挡（空挡），只需踩住制动踏板等候即可。

4.7 直行通过路口、路口左转弯、路口右转弯

4.7.1 考核目的

掌握路口合理观察交通情况，直行、向左、向右转弯安全通过路口的驾驶方法。

4.7.2 评判标准

❶ 通过路口前未减速慢行，不合格。

❷ 直行通过路口不观察左、右方交通情况，不合格。

❸ 转弯通过路口时，未观察侧前方交通情况或未通过内、外后视镜观察侧后方交通情况，不合格。

❹ 遇有路口交通阻塞时进入路口，将车辆停在路口内等候，不合格。

❺ 不按规定避让行人和优先通行的车辆，不合格。

❻ 路口左转弯通行时，未靠路口中心点左侧转弯的，不合格。

4.7.3 考试攻略

路口左转弯操作方法如图4-11所示。

机动车通过没有交通信号灯也没有交通警察指挥、支干不分，且没有交通标志、标线控制的交叉路口，优先通行权如图4-12所示。

图 4-11　路口左转弯

❶ 转弯的车辆让直行的车辆先行，如图4-12（a）所示。

❷ 相对行驶的转弯车辆的优先通行，如图4-12（b）所示。

❸ 车辆直行通过路口时，应在进入路口前停车瞭望，让右方道路的来车先行。如图4-12（c）所示。

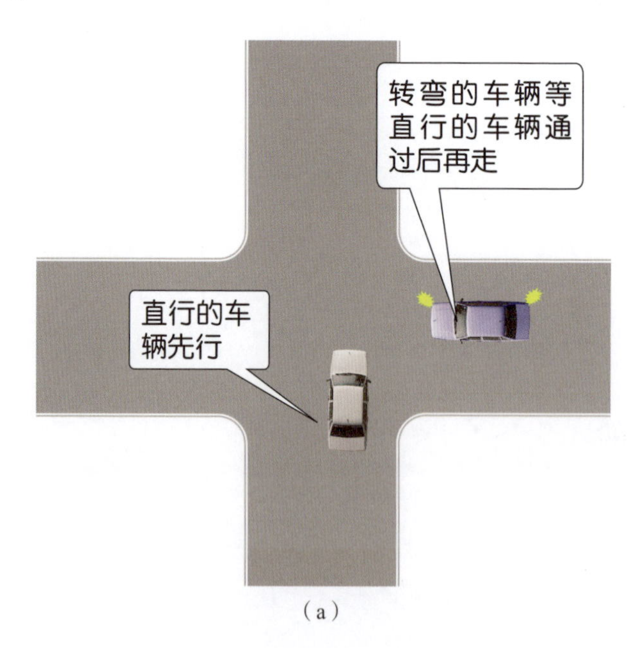

（a）

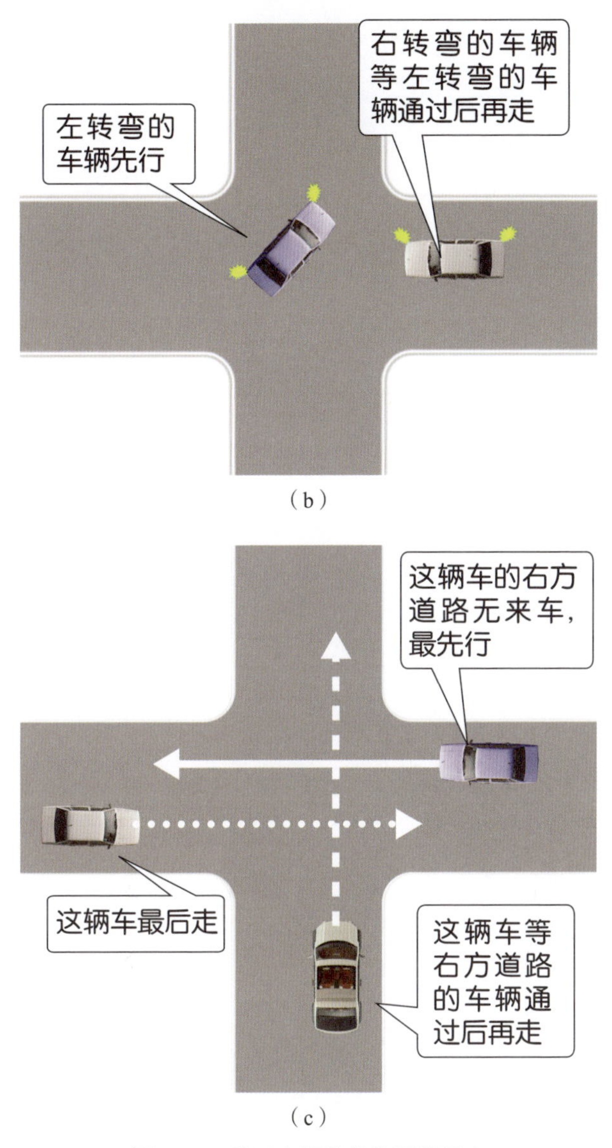

图4-12 路口车辆的优先通行规定

4.8 通过人行横道、学校区域和公共汽车站

4.8.1 考核目的

掌握通过人行横道、学校区域、公共汽车站的安全驾驶方法。

4.8.2 评判标准

❶ 不观察左、右方交通情况，不合格。

❷ 不按规定减速慢行，不合格。

❸ 遇行人过人行横道，不停车让行，不合格。

4.8.3 考试攻略

❶ 学校大门两侧的道路，往往会限制通行时间和速度，要看限行标志。禁止通行的时间段不可通行，在限制通行的时间之外，不得超出规定的时速，一般是20千米/小时以内。

❷ 通过人行横道、学校区域和公共汽车站时，要减速慢行，右脚放刹车上但不要踩下，让车辆靠惯性行驶，防止盲区中突然出现行人；尤其要注意少年儿童的动向，时刻做好停车准备，即使出现紧急情况也不会误踩油门。

通过人行横道的注意事项如图4-13所示。

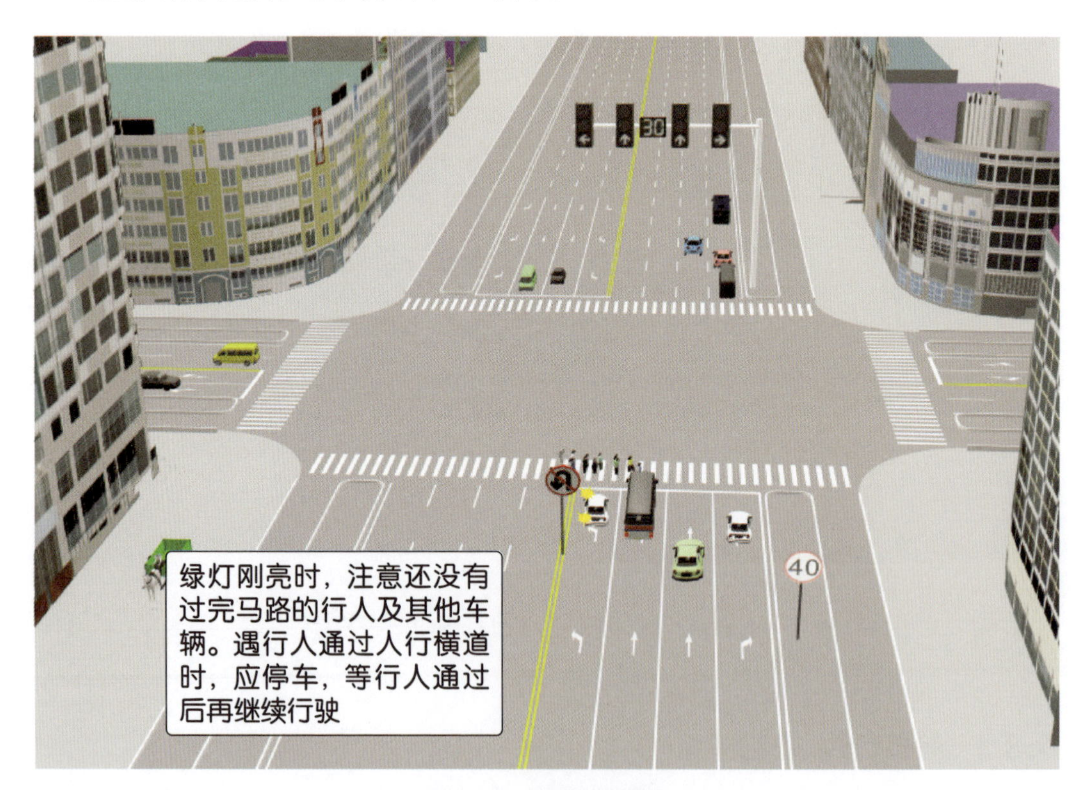

图4-13　通过人行横道

通过公共汽车站的注意事项如图4-14所示。

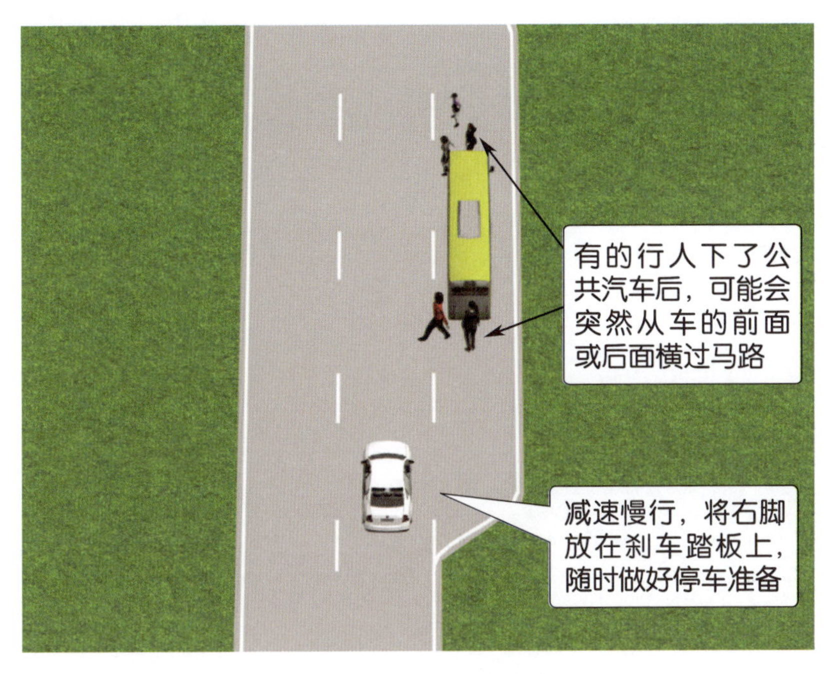

图4-14 通过公共汽车站

4.9 会车

4.9.1 考核目的

掌握会车的安全驾驶方法，学会正确判断会车地点，与对方车辆保持安全间距。

4.9.2 评判标准

❶ 在没有中心隔离设施或者中心线的道路上会车时，不减速靠右行驶，并且未与其他车辆、行人或者非机动车保持安全距离，不合格。

❷ 会车困难时不让行，不合格。

❸ 横向安全间距判断差，紧急转向避让对向来车，不合格。

4.9.3 考试攻略

会车时，会车地点的选择方法如图4-15所示；与大型车辆会车及在人车混行的道路上会车时，应注意的问题如图4-16和图4-17所示。

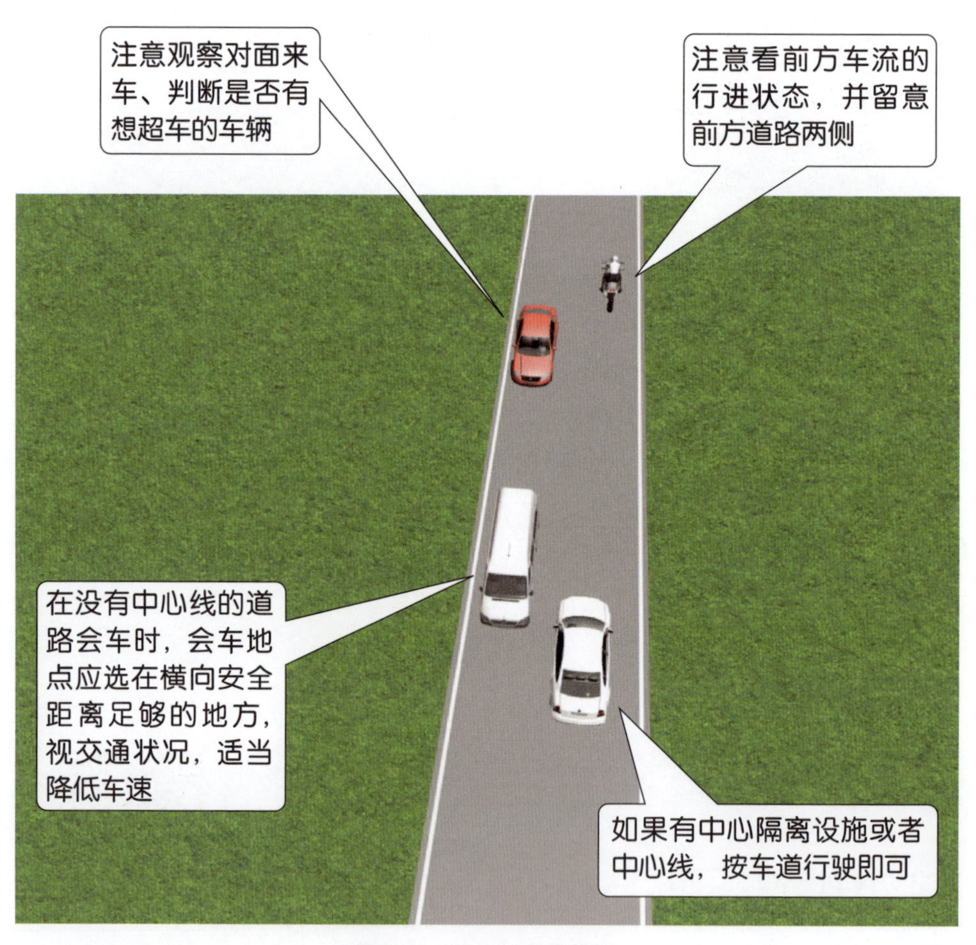

图4-15　会车地点的选择

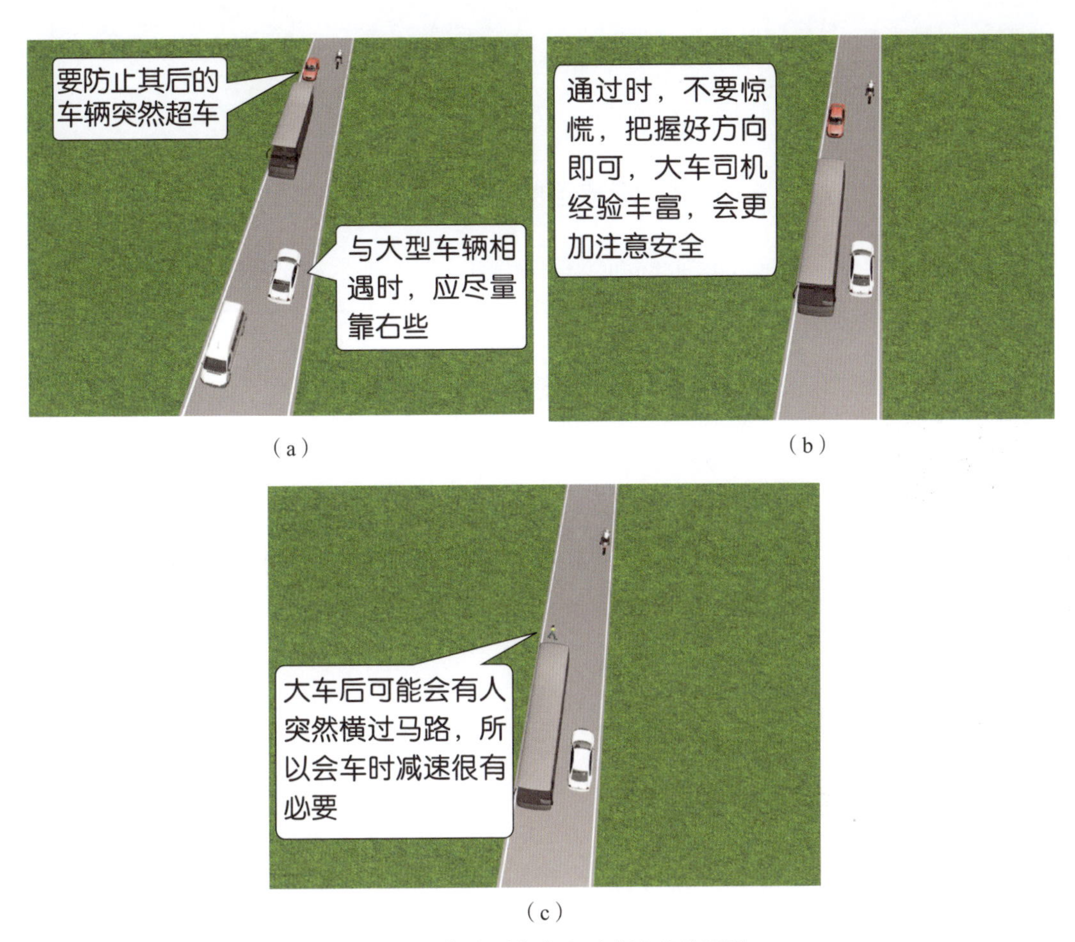

（a）　（b）

（c）

图 4-16　与大型车会车时应注意的问题

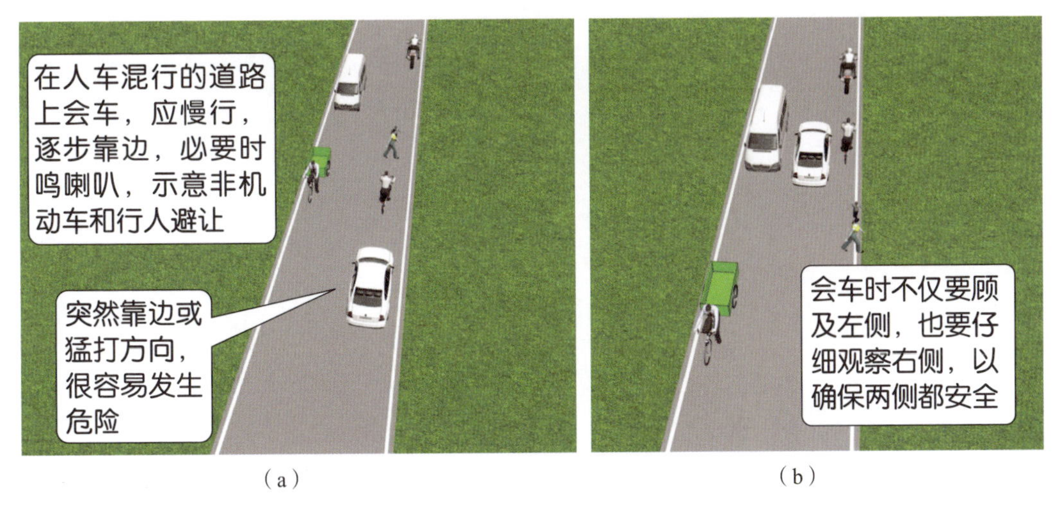

（a）　（b）

图 4-17　人车混行道路上会车时应注意的问题

4.10 超车

4.10.1 考核目的

掌握同向超车和借道超车的安全驾驶方法，保持与被超越车辆的安全跟车距离，正确使用灯光。

4.10.2 评判标准

❶ 超车前不通过内、外后视镜观察后方和左侧交通情况，不合格。

❷ 超车时机选择不合理，影响其他车辆正常行驶，不合格。

❸ 超车时未与被超越车辆保持安全距离，不合格。

❹ 超车后急转向驶回本车道，妨碍被超车辆正常行驶，不合格

❺ 从右侧超车，不合格。

❻ 当后车发出超车信号时，具备让车条件不减速靠右让行，扣10分。

4.10.3 考试攻略

超车方法如图4-18所示，超车时应注意的问题如图4-19所示。

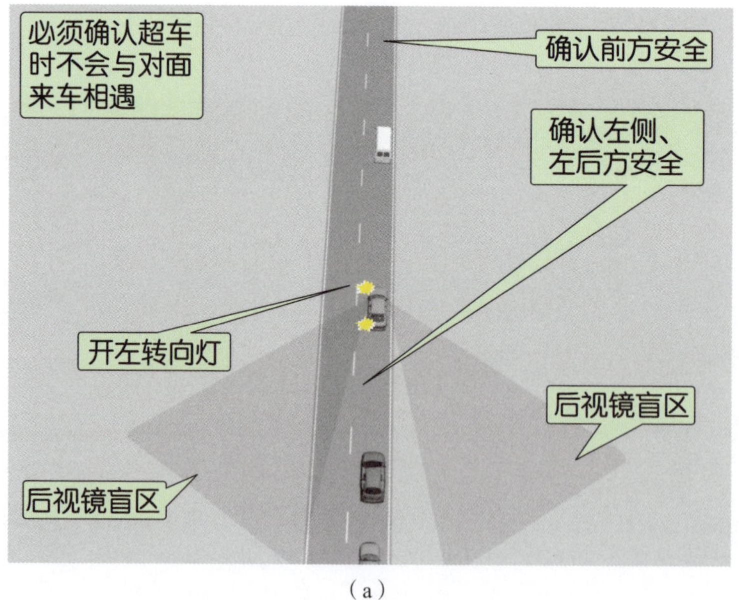

（a）

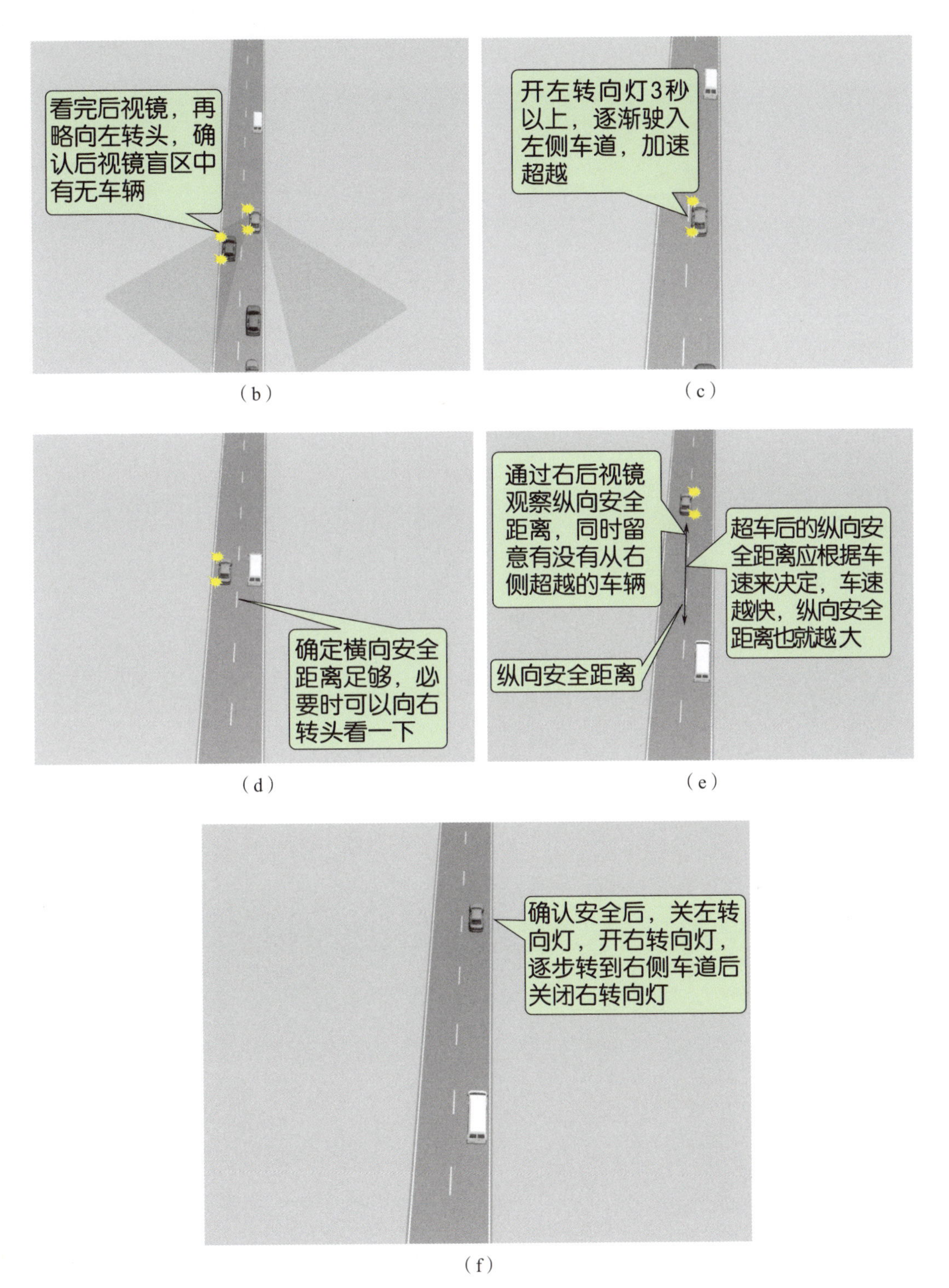
看完后视镜，再略向左转头，确认后视镜盲区中有无车辆
（b）
开左转向灯3秒以上，逐渐驶入左侧车道，加速超越
（c）
确定横向安全距离足够，必要时可以向右转头看一下
（d）
通过右后视镜观察纵向安全距离，同时留意有没有从右侧超越的车辆
超车后的纵向安全距离应根据车速来决定，车速越快，纵向安全距离也就越大
纵向安全距离
（e）
确认安全后，关左转向灯，开右转向灯，逐步转到右侧车道后关闭右转向灯
（f）

图4-18 超车方法

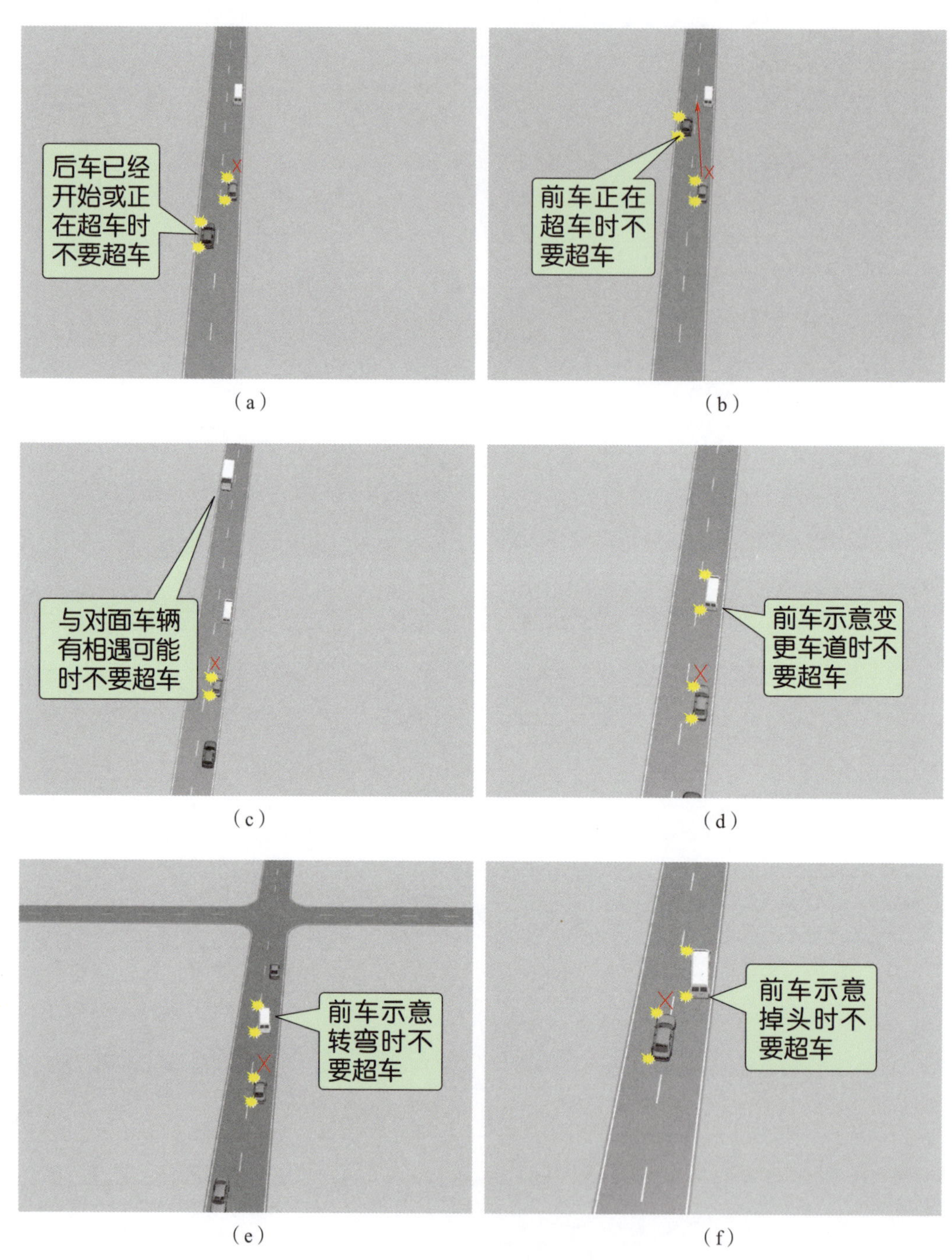

图 4-19　超车时应注意的问题

4.11 掉头

4.11.1　考核目的

掌握安全掉头的驾驶方法，正确选择掉头地点和时机。

4.11.2　评判标准

❶ 不能正确观察交通情况并合理选择掉头时机，不合格。
❷ 掉头地点选择不当，不合格。
❸ 掉头时妨碍正常行驶的其他车辆和行人通行，不合格。

4.11.3　考试攻略

❶ 掉头时的观察要领如图4-20所示，其中图4-20（a）为一般道路，图4-20（b）为复杂道路。

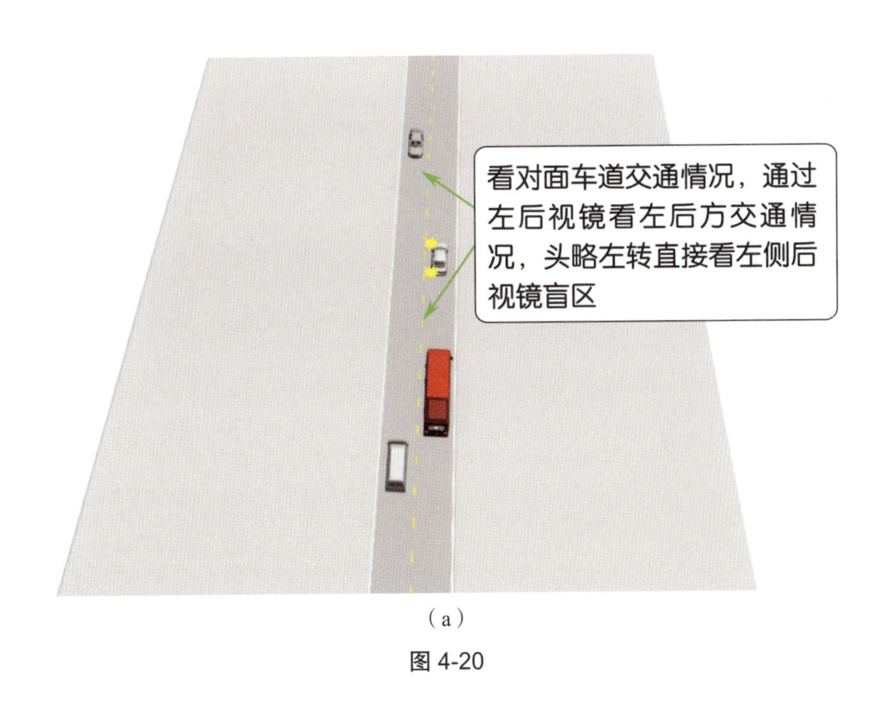

（a）

图 4-20

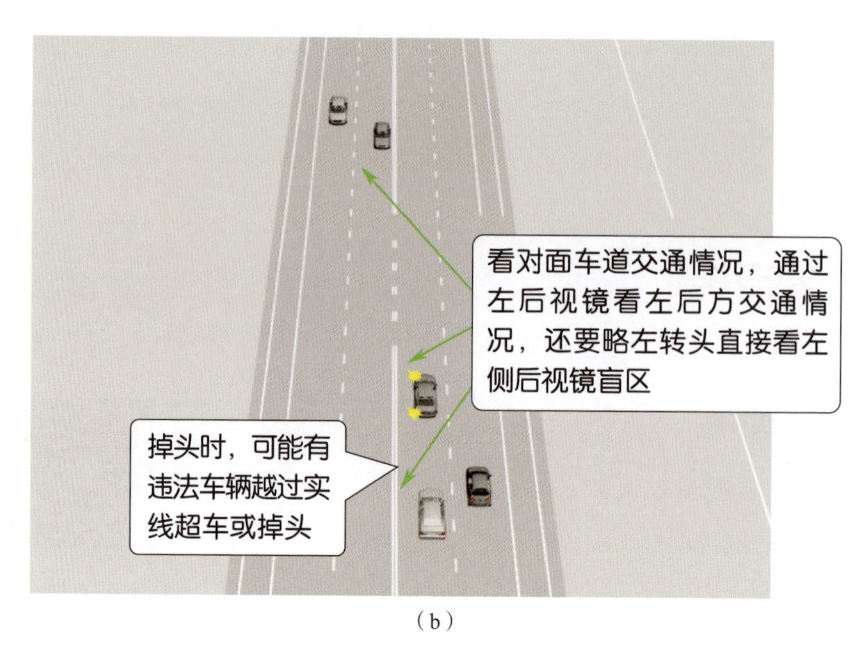

（b）

图 4-20　掉头时的观察要领

❷ 掉头路线的选择方法如图 4-21 所示。

a. 有非机动车道的比较宽阔的道路，可借非机动车道一次完成掉头；借用非机动车道时可先开起右转向灯示意，借道完成后再换回左转向灯。如图 4-21（a）所示。

b. 只能从最左侧车道掉头的情况，如图 4-21（b）所示。

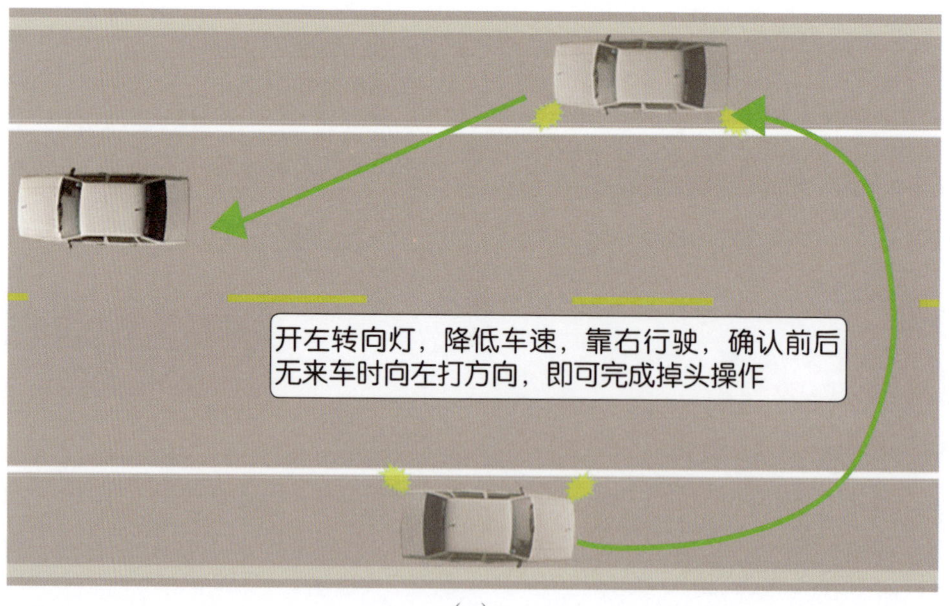

（a）

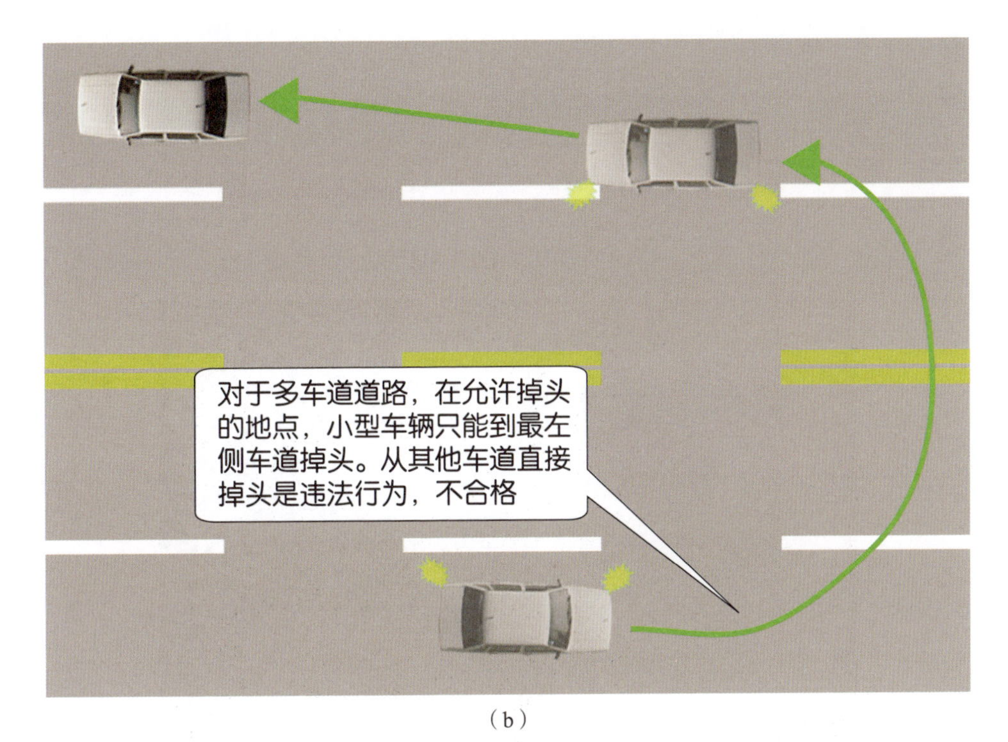

（b）

图 4-21　掉头路线的选择方法

4.12 夜间行驶

4.12.1 考核目的

掌握夜间安全驾驶与灯光的正确使用方法。

4.12.2 评判标准

❶ 不能正确开启灯光，不合格。

❷ 同方向近距离跟车行驶时，使用远光灯，不合格。

❸ 通过急弯、坡路、拱桥、人行横道或者没有交通信号灯控制的路口时，不交替使用远、近光灯示意，不合格。

❹ 会车时不按规定使用灯光，不合格。

❺ 在路口转弯时，使用远光灯，不合格。

❻ 超车时未变换使用远、近光灯提醒被超越车辆，不合格。

❼ 对低能见度道路情况判断差，不合格。

❽ 在有路灯、照明良好的道路上行驶时，使用远光灯，不合格。

4.12.3 考试攻略

❶ 一般车辆灯光开关的使用方法如图4-22所示。

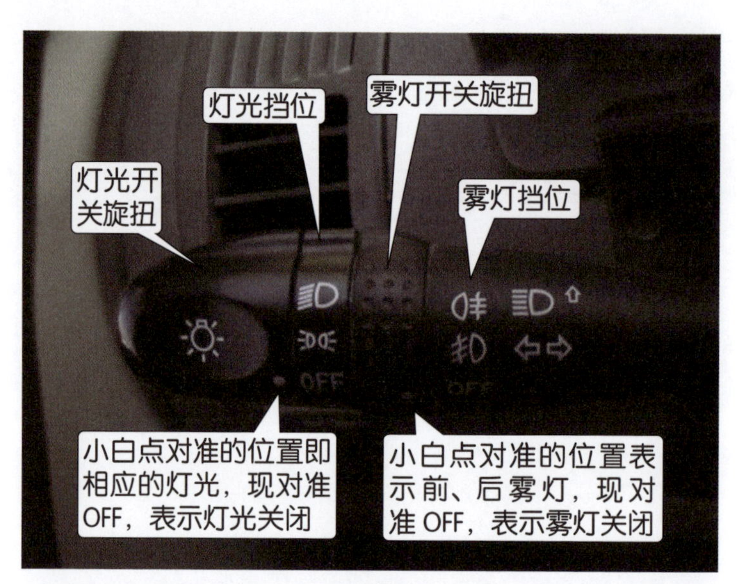

（a）

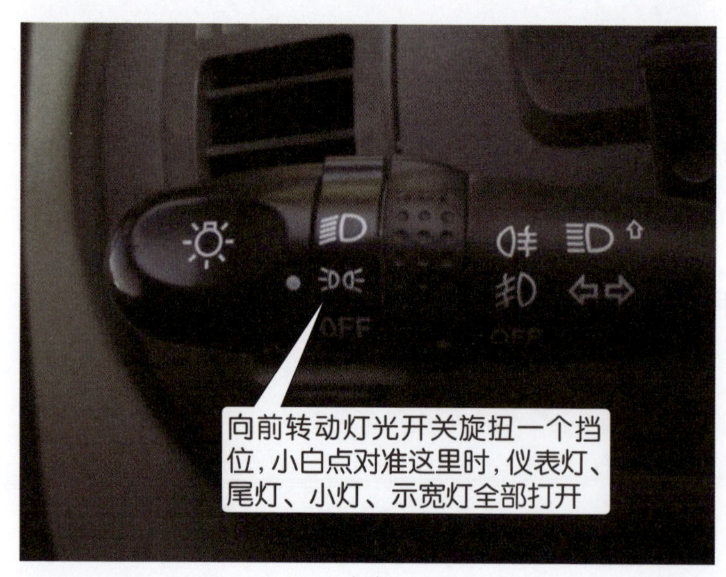

（b）

开关旋扭处于前照灯的位置时，手柄有上、下两个固定挡位。上挡位是近光灯开，下挡位是远光灯开，下推、上拉手柄可以实现远近光灯的变换。最上面还有一个挡位，拉到这里是远光，松开自动回近光，也可变光

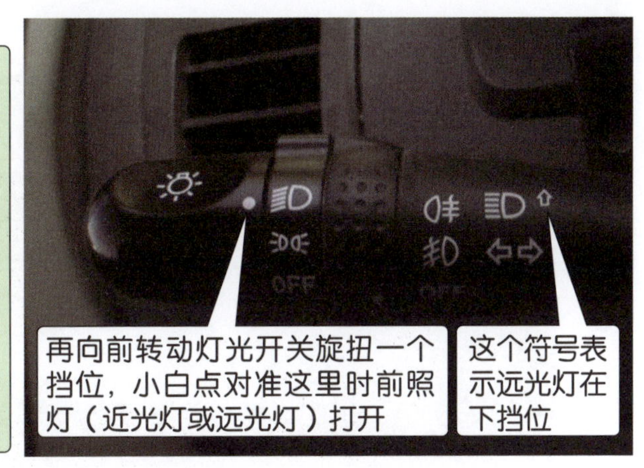

（c）

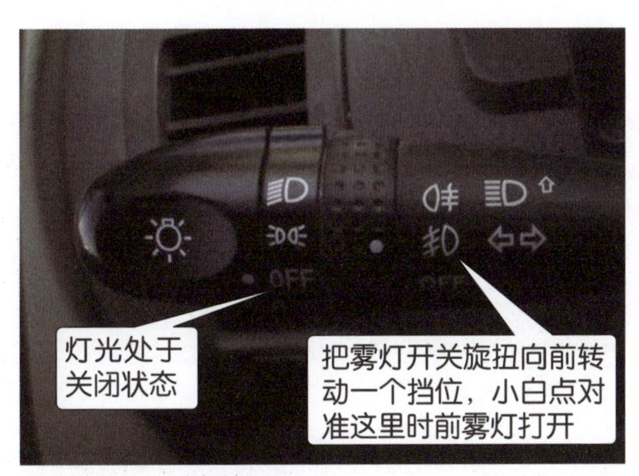

（d）

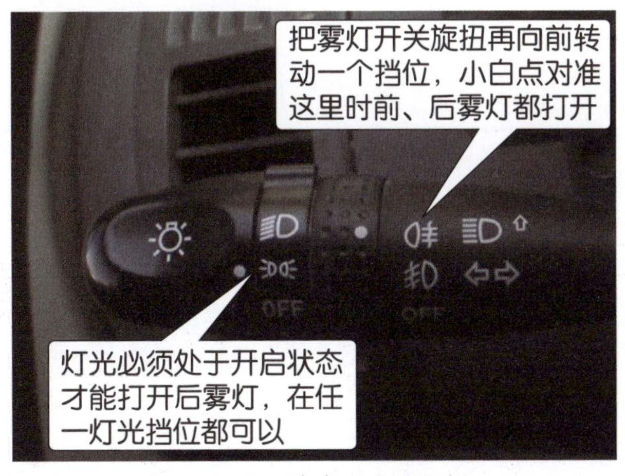

（e）

图 4-22　灯光开关的使用方法

❷ 夜间行驶时的跟车方法如图4-23所示。

图4-23　夜间跟车方法

❸ 夜间行驶时的会车方法如图4-24所示。

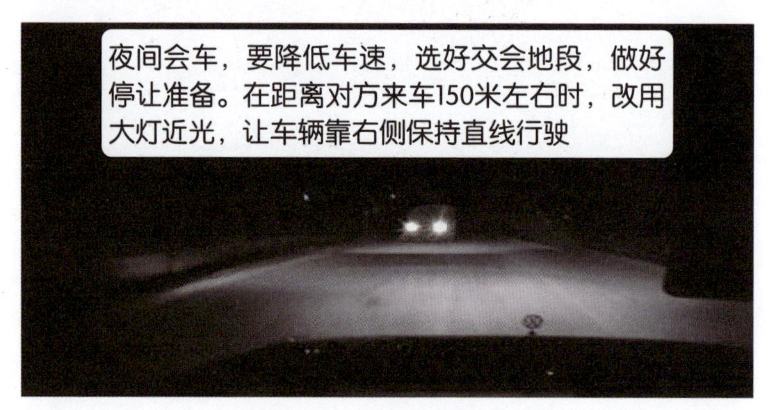

图4-24　夜间会车方法

❹ 夜间行驶时的超车方法如图4-25所示。

图4-25　夜间超车方法

第5章 科目三（安全文明驾驶常识）考试攻略

5.1 安全文明驾驶应注意的一般问题

（1）尊重和珍爱他人生命

在交通参与者中，行人和非机动车是弱者，驾驶中一定要为他们着想。发生意外的时候，一定要先避人。东西没有了可以重新买，重新造，不可为了物去做“图财害命”的事情。如图5-1所示。

图5-1 安全文明驾驶应注意的一般问题（一）

（2）克服急躁情绪，让“安全第一”成为座右铭

突然横穿马路的行人、其他车辆的违法行为、不文明驾驶行为等，可能产生危险，也容易引起驾驶员的急躁情绪。如图5-2所示。

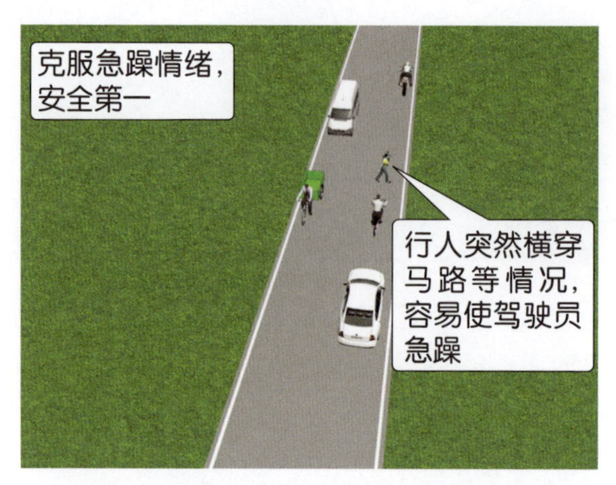

图5-2 安全文明驾驶应注意的一般问题（二）

此时必须冷静，一定要牢记忍让为上，安全第一。如果一味指责他人，甚至把生活中的压力发泄在路上，很容易造成恶性循环，可能会造成交通堵塞等更为严重的后果，会带来更多的麻烦。

（3）正视交通现状，保持良好驾驶心态

必须适应客观存在的交通流。交通流是随时变化的，是动态的，是客观的，驾驶人应当主动适应，随交通流的变化而变化，还要考虑不影响他人的正常驾驶。否则很容易发生事故。如图5-3所示。

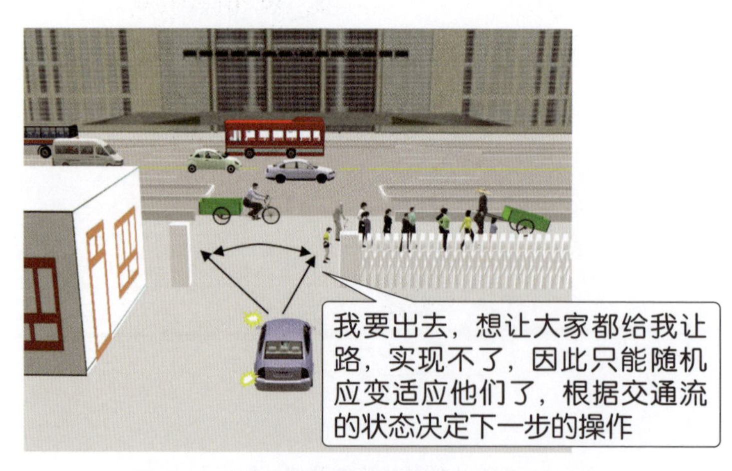

图5-3 安全文明驾驶应注意的一般问题（三）

5.2 安全文明驾驶基本礼仪

(1) 礼让行人

礼让行人的一般原则如下。

❶ 在市区内行驶时，要降低车速，注意观察，胆大心细，随时准备应付突然出现的行人等。

❷ 在市区内禁止鸣喇叭地段，应降低车速。在其他地段，可适当使用喇叭。

❸ 过积水路面时，要慢行，防止泥水溅到行人身上。

❹ 必须进入人行道时，要慢行，注意观察前方和后视镜。

遇到以下几类行人，避让时一定要有耐心，要慢行、适当鸣喇叭并做好随时停车的准备。遇小孩奔跑时，要立即减速或停车，等安全之后再前进。

❶ 老年人反应迟钝，行动缓慢，如图5-4所示。

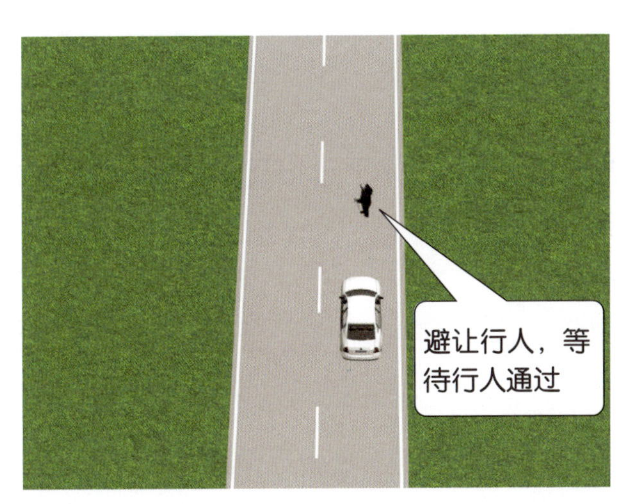

图5-4　避让行人

❷ 儿童、中小学生对汽车的性能和交通法规知之甚少，走路、玩耍时可能会不顾周围的一切。

❸ 低头沉思、情绪异常的人也会忘记周围的一切。

❹ 残疾人行动不便。在残疾人中，聋哑人外表不易与常人区分，需要注意判断，如果按喇叭没有反应或是对周围的声音没有反应，这些人可能是聋哑人。

❺ 正常行人可能由于某种原因突然跑上公路或突然转向、逆行。

(2) 礼让非机动车

驾车行驶时，应注意礼让非机动车辆，如图5-5所示。尤其应注意以下情况。

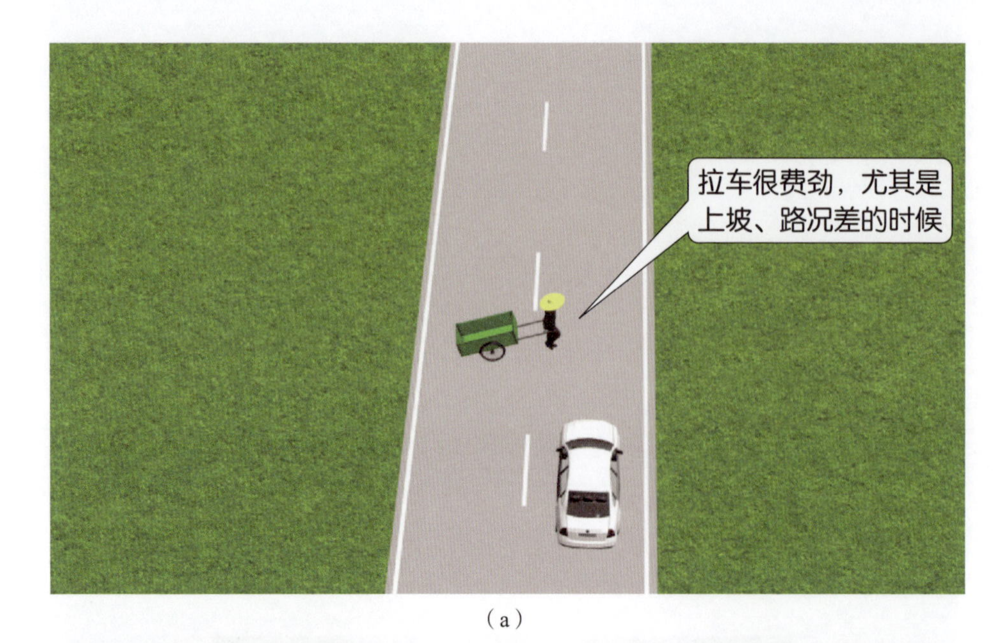

（a）

（b）

图 5-5 礼让非机动车

❶ 与自行车或行人保持1米以上的安全间距。要防止刮、擦自行车所带物品。

❷ 要警惕骑车人突然从车头横越。

❸ 不抢行，适当降低车速，随时做好停车准备。

❹ 如发现骑车人摇晃，应进一步减速或停车，以防碰撞。

❺ 要防止乘坐自行车的儿童突然跳车造成骑车人摔倒而导致碾压事故发生。

❻ 超越自行车时，用喇叭示意后，如无其他情况，则保持一定间距缓慢超越。切忌冒险穿挤和鸣号催促让道。

❼ 在狭窄道路上超越或与自行车并行时，要小心自行车突然摔倒，或被汽车凸起部分刮倒、挤倒，酿成严重车祸。

❽ 遇畜力车、畜群时要提前做好准备，适当鸣喇叭，以防牲畜受惊而发生意外，要边仔细观察边慢慢超越。

（3）经过停站的公共汽车

经过公交车站时，应注意如图5-6所示的情况。

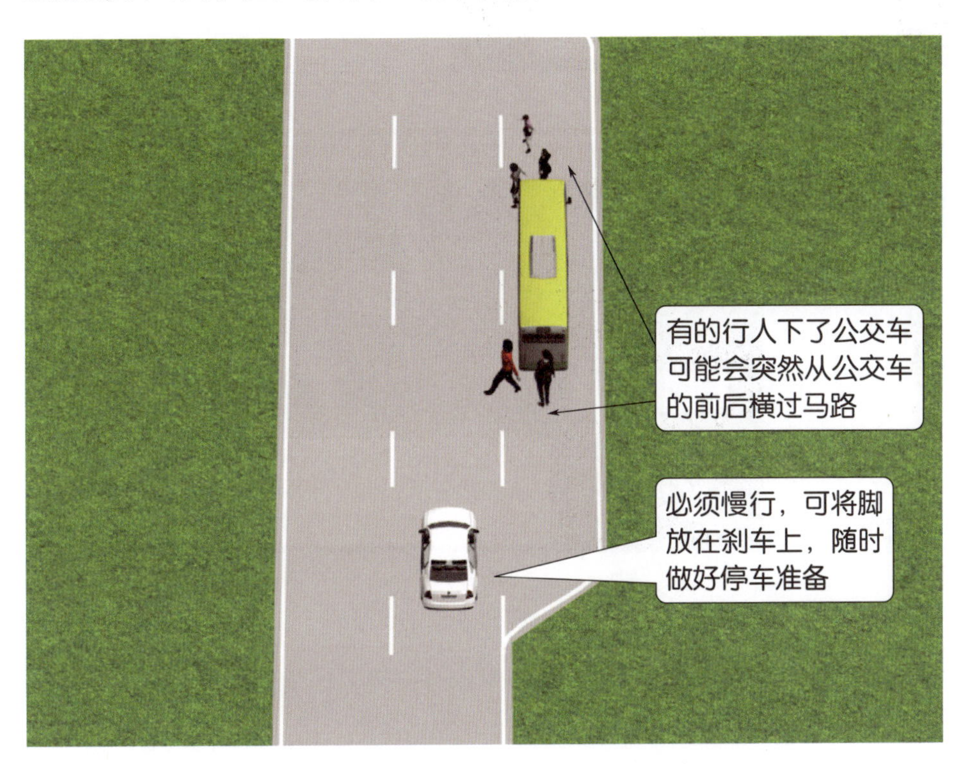

图5-6　经过停站的公共汽车时应注意的情况

5.3 恶劣气象条件下的安全驾驶 

（1）雨天驾驶

雨天驾驶离不开雨刮器，下面首先介绍一下雨刮器开关的使用。以一种安装在方向盘右侧的组合雨刮器开关操作为例进行说明。如图5-7所示。

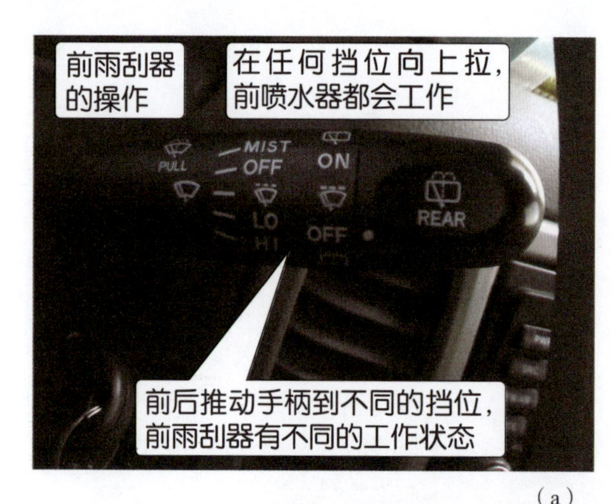

① MIST 挡位：向前推一下工作一次

② OFF 是关闭位置，向上拉前喷水器，雨刮器工作一次停止

③ 是间歇工作位置，每隔一段时间工作一次

④ LO 挡位：向后拉到这个挡位，进入连续慢速工作状态

⑤ HI 挡位：向后拉到这个挡位，进入连续快速工作状态

（a）

（b）

图 5-7　雨刮器开关的使用

在恶劣天气条件下驾驶，除了控制好车速外，还要加更仔细地观察交通流，并由此预知下一时刻交通流的状态，从而从容不迫地进行下一步驾驶操作。

行驶前必须检查雨刮器是否能正常工作。雨刮器不能正常工作时，雨水覆盖在前挡风玻璃上将导致无法看清道路交通状况，很危险。应修好之后再上路。

雨天路面湿滑，应比平常行车速要慢，积水越厚速度要越慢。要平缓打方向、平缓使用制动，以发动机控制车速为主，适时减挡，不要猛加、猛松油门。

雨天要适当增大跟车距离。暴雨时应停车。

雨天行人和非机动车驾驶者因使用雨具，视线受阻，雨水使驾驶人观察交通状况变得更加困难，为了躲避积水，行人有可能突然串到机动车道内，所以必须减速行驶，驾驶人要更加仔细地观察行人的动向。

连续阴雨天要注意观察路面，以防陷车、坍塌，不要在可能陷车、坍塌的地方行驶和停车。

刚下雨的路面有薄积水时，高速行驶容易形成水膜，导致侧滑。发生侧滑时的处理办法如下：

❶ 松油门，视侧滑减弱的程度，可适度配合轻点制动。

❷ 如果是前轮侧滑，应逆着侧滑的一侧纠正方向；如果是后轮侧滑，应顺着侧滑的一侧纠正方向。

❸ 转向时动作要敏捷柔和，不可猛打、猛回，以免造成更严重的后果。

因为雨天行车需要关闭车窗，内外温差使前挡风玻璃很容易产生雾气，此时应打开冷气吹向前挡风玻璃；后挡风玻璃出现雾气时，需打开后挡风玻璃加热器，尽快消除雾气。

（2）雾天驾驶

雾天应：打开前雾灯、尾灯、示宽灯和近光灯，雾灯开关的使用如图5-8所示。

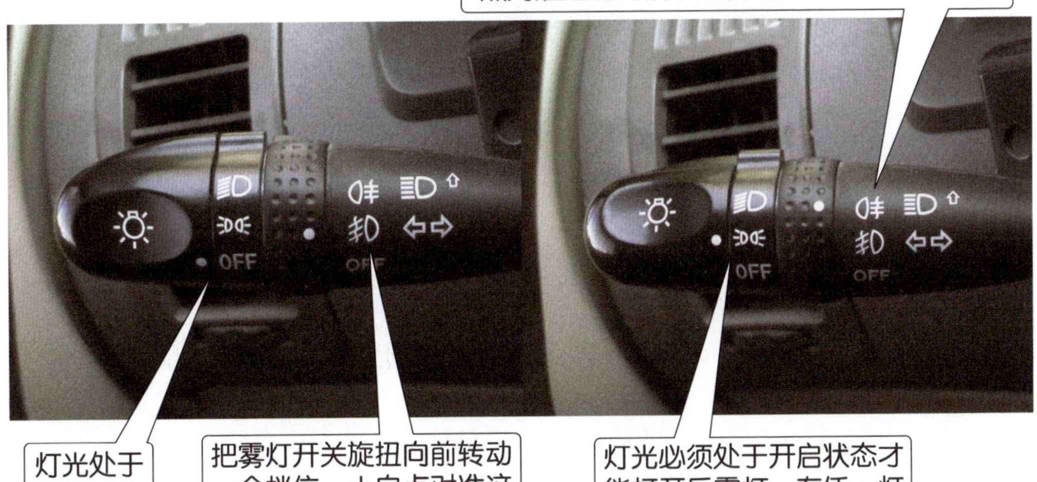

图5-8 雾灯开关的使用

雾天驾驶时必须降低车速，能见度越低车速应越低。

在非禁止鸣喇叭路段，可适当鸣喇叭，并注意鸣短促喇叭回应其他车辆。

视线不清时更要保持在自己的车道内行驶，不要变更车道，不能压线行驶，以免发生碰撞：

❶ 能见度不足50米时同时开启前后雾灯，必须保持能够安全停车的车距。

❷ 能见度在10米左右时，车速应控制在5千米/小时左右。

❸ 能见度在30米以下时，车速应控制在20千米/小时左右。
❹ 能见度大于50米时，车速应控制在40千米/小时左右。
❺ 能见度大于100米时，车速应控制在60千米/小时左右。
❻ 能见度大于200米时，车速应控制在80千米/小时左右。

注意

雾天不要以前车尾灯作为判断车距的依据，因为折射现象能使实际距离“变远”；特大雾必须找安全的地方停车。

（3）冰雪路驾驶

冰雪路驾驶要慢行，如图5-9所示。

（a）

（b）

图5-9 冰雪路驾驶方法

冰雪路驾驶的四大要领：

❶ 保持低速行驶，保证足够的纵向、横向安全距离。
❷ 匀速缓慢打方向。
❸ 匀速缓踏缓松油门。
❹ 匀速轻踩慢松制动踏板，即使有ABS的车辆也不要猛踩刹车，尤其是转弯时。在压实的雪路上沿直线高速行驶时猛踩制动踏板尽管不会发生大的侧滑，但是车辆仍会发生左右摆动现象。在溜滑的冰路上，ABS、防侧滑系统几乎没有什么作用，猛踩制动踏板照样会导致侧滑、驶出路面现象，因此必须低速转弯。

注意事项

❶ 在冰雪路上，要选择路面宽、积雪少的地段会车；尽量避免在狭窄路段会车；尽量不要超车。

❷ 停车时，缓慢轻踩制动踏板，防止甩尾、掉头。

❸ 加大跟车距离。跟车距离要比正常路面加大3倍以上，坡道要更长一些；对于短坡应等前车爬过坡顶再爬坡。

❹ 冰雪天行人、非机动车驾驶者因穿戴的影响，对交通状况的判断力下降，行人、自行车可能突然滑倒，因此更要仔细观察，保持足够的纵向、横向安全距离。

❺ 其他注意事项如图5-10所示。

（a）

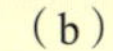

（b）

（c）

图5-10　积雪路段驾驶注意事项

（4）涉水驾驶

汽车涉水前，要仔细探明水的深度、流速和水底情况，并根据车辆的性能，确定能否通过。选择水浅、底硬、两岸坡缓、水流稳定、距离短的地方涉水。当水深接近汽车最大涉水深度时，应采取措施防止电器设备短路、排气口进水等。当水深超过最大涉水深度时，不得冒险涉水。涉水时应用低速挡使车辆平稳地驶入水中，眼睛要看远处的固定参照物，避免中途换挡、停车和猛打方向盘。若车轮打滑空转，应立即停车，不要勉强进退，更不可加速猛冲，以免越陷越深，也不要熄火，应立即求援。市内涉水要认真观察判断，尽量避免压井盖及其附近台阶或路沿。涉水后应踩几次制动以蒸发水分，以便恢复正常制动性能。

（5）大风天驾驶

大风会使车辆行驶方向难以控制，甚至将车辆吹离正常行驶路线或吹翻，大风吹起的硬物还可能击碎车窗。因此除慢速行驶外，还应紧握方向盘，控制好行驶方向，风过大时应停车躲避。

5.4 复杂道路条件下的安全驾驶

5.4.1 连续急弯山区道路驾驶

如图5-11所示，山区道路上坡多，弯多，拐弯处山体形成的盲区多，气候变化无常。在确保安全的情况下，尽量选择远离水边或悬崖的车道。拐弯前减速、鸣喇叭、靠右行驶，充分准备好随车工具、防雨、防寒、防滑物品等。

图 5-11　山区道路的特点

如果能看清楚来车，对于短坡可采用提前加速的方法冲上去。看不到对面情况时要鸣喇叭，接近坡顶时松掉油门，不要踩下离合器，以便控制车速（自动挡汽车靠油门控制即可），防止对面有进入本车道的逆行车辆。如图5-12所示。

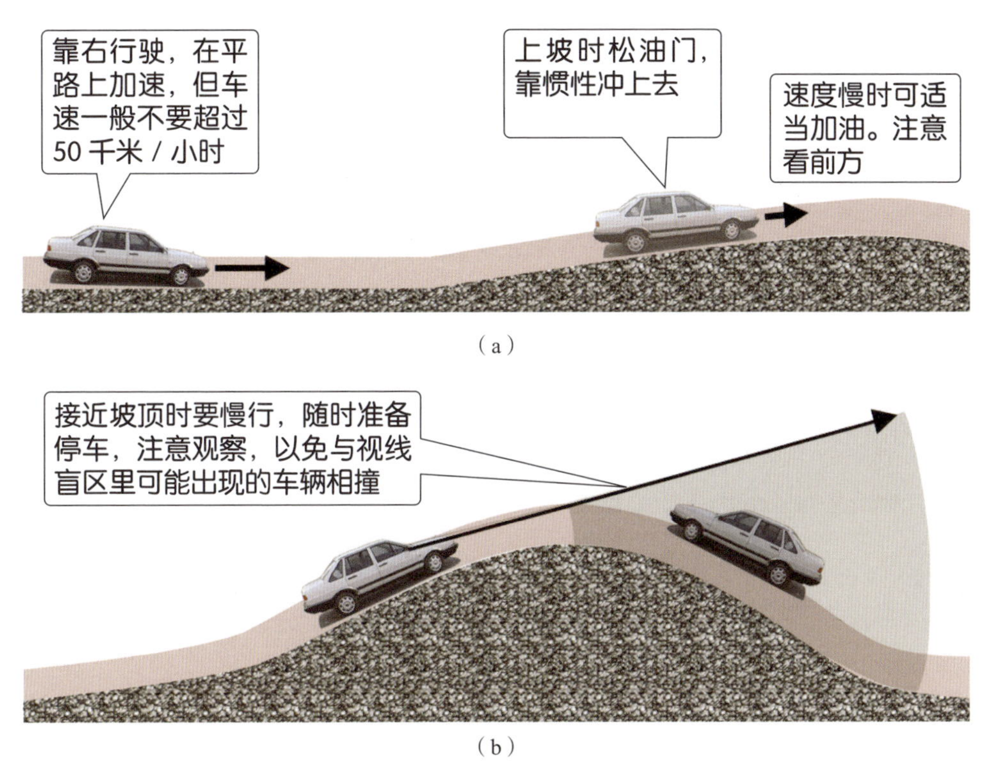

（a）

（b）

图5-12　上短坡驾驶方法

长陡坡，要提前减挡，否则可能无法上坡。上坡时要视坡度的大小提前减入能够保持充足动力的低级挡位。换挡后发动机转速能保持在2000转/分左右，声音轻快，说明换入的挡位是合适的。如图5-13所示。

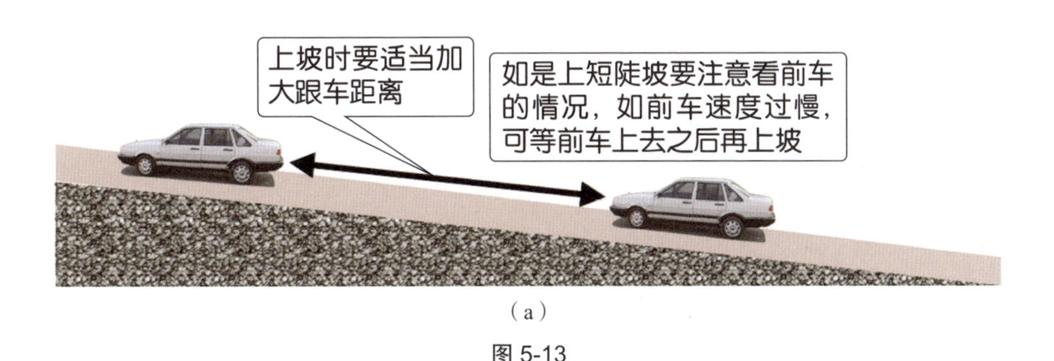

（a）

图5-13

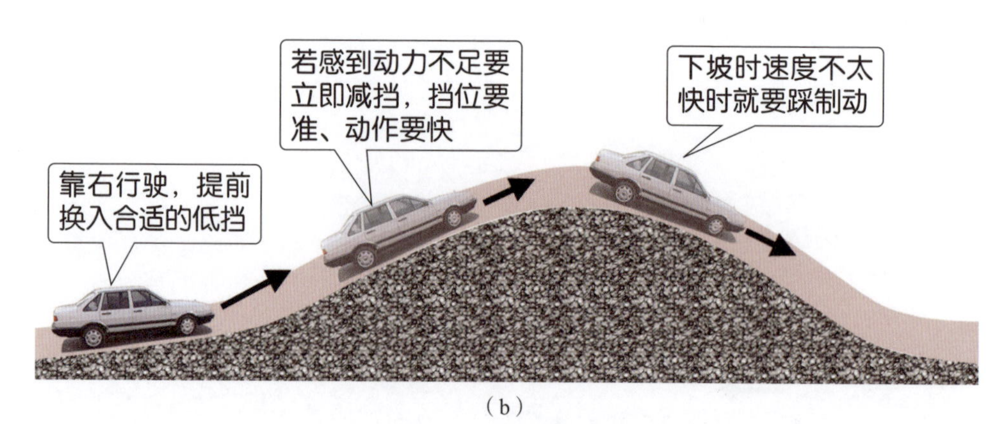

（b）

图 5-13　上长陡坡驾驶方法

下长坡时必须低挡行驶，不能长时间使用刹车，以免高温引起刹车性能下降甚至失灵。换挡后完全松掉油门，如果速度不再加快，说明挡位合适；如果速度继续加快应适当踩刹车，速度降下来以后，再减一挡，直到完全松掉油门后速度不再加快为止，这时候就可以完全依靠发动机的制动作用控制车速了。对于过陡的坡，减到最低挡速度还加快，此时只能配合间断踩刹车的方法控制车速，不可连续踩刹车。速度快到一定程度时，踩一下，等到车速慢下来后松掉，重复这种过程，就可以达到有效控制车速而刹车又不会过热的目的，到急弯处就会从容不迫了。如图5-14所示。

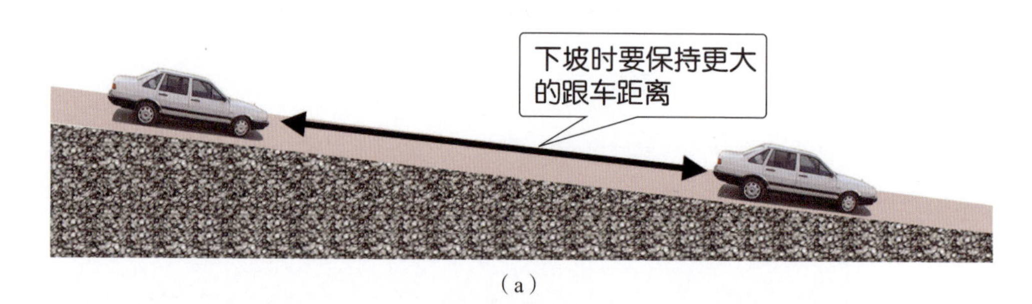

（a）

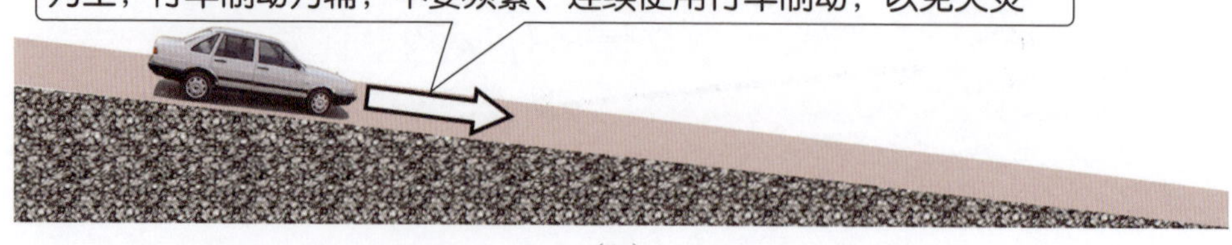

（b）

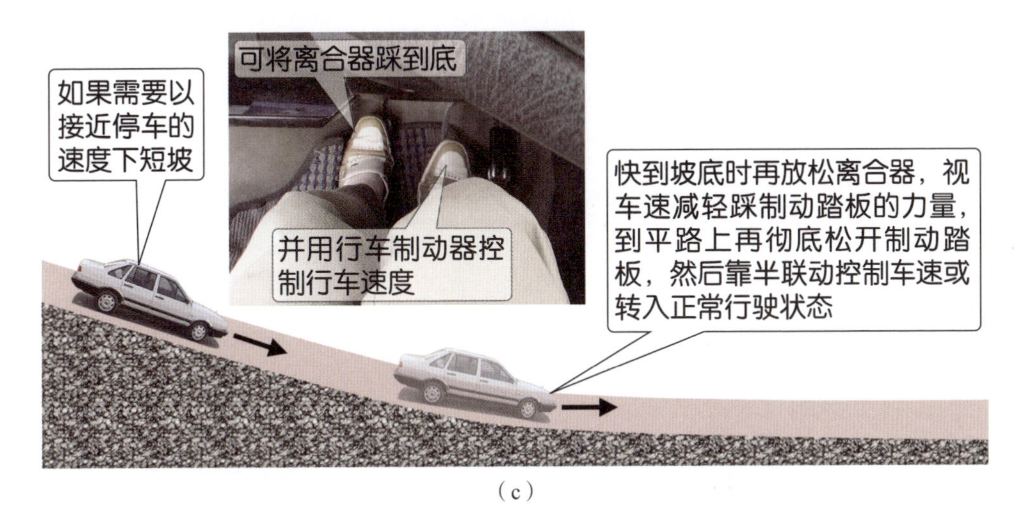

（c）

图 5-14　下长坡驾驶方法

对于山坡弯道，在进入弯道尤其是急弯前必须提前降速到适合转弯的速度，速度过快会导致冲入对方车道、翻车，甚至是坠入山谷的严重后果。要避免转弯时换挡。如图5-15所示。

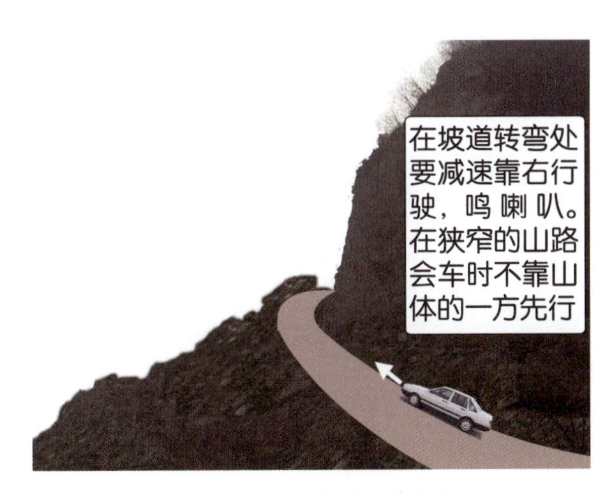

图 5-15　山坡弯道驾驶方法

5.4.2　隧道驾驶

通过长隧道时，应当在进入隧道前开启示宽灯或近光灯。

有信号灯控制的隧道要按信号灯的指示通行：绿灯行、红灯停。必须减速通过。

对于单向隧道，对向来车正在进入隧道，或正在通过隧道时应停在隧道外等候。应等其通过，确认安全后再进入。如图5-16（a）所示。

通过双向隧道时要在本车道内偏右行驶。不得使用远光灯，尽量避免使用喇叭，以免回声引起更大的噪声。如图5-16（b）所示。

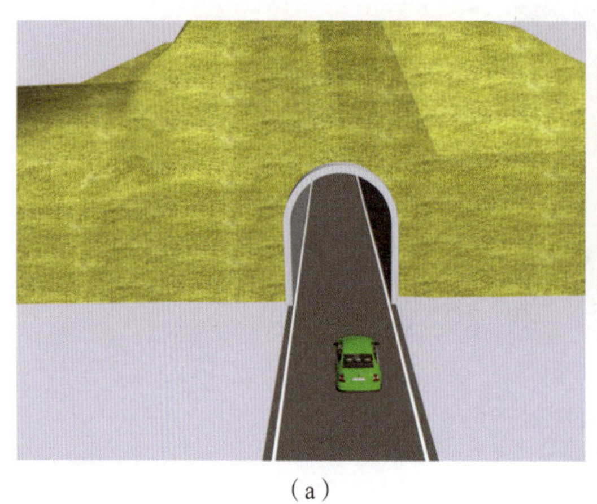
（a）

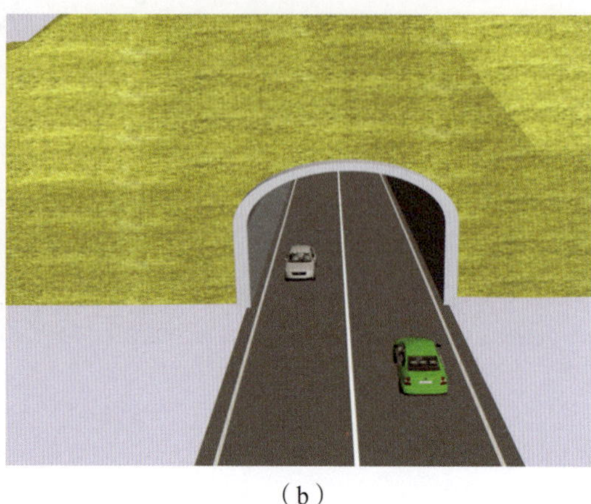
（b）

图 5-16　隧道驾驶方法

隧道出口处可能有较大的横风，会使方向盘产生一定程度的失控。处理方法：握紧方向盘，柔和纠正方向；切忌猛打猛回，否则会产生方向严重偏离的后果，可能引发事故。

5.4.3　环岛通行

环岛大致可以分为以下几种形式，如图5-17所示。

通行规则：入岛的车辆要让岛内的车辆先行。

转向灯的使用：右转弯时右灯进、右灯出，其他路口则是左灯进、右灯出。

对于双车道环岛：小车可以直接进入内侧车道。

下面以驶向右转以外的路口说明环岛通行方法。如图5-18和图5-19所示。

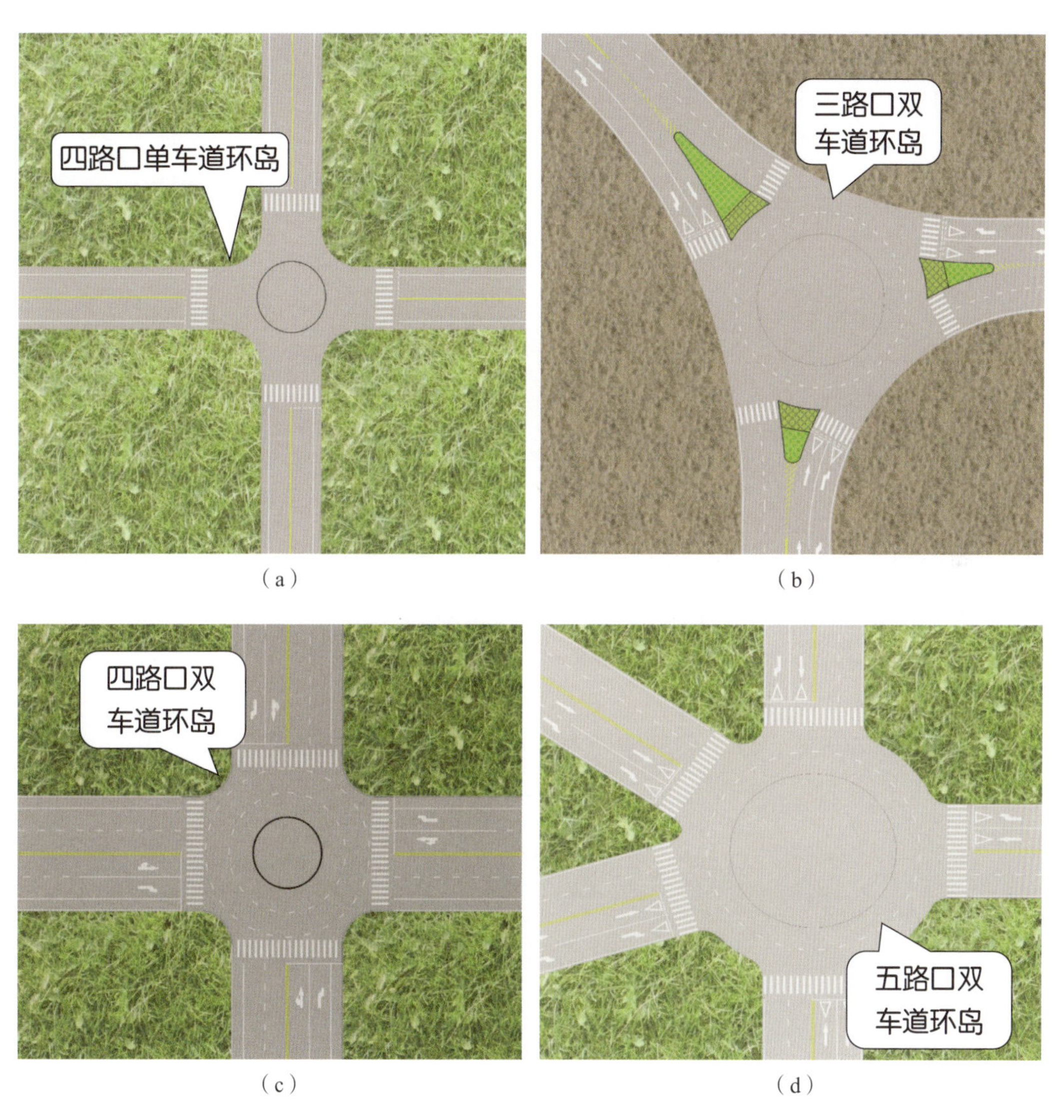

（a）（b）（c）（d）

图 5-17 不同形式的环岛

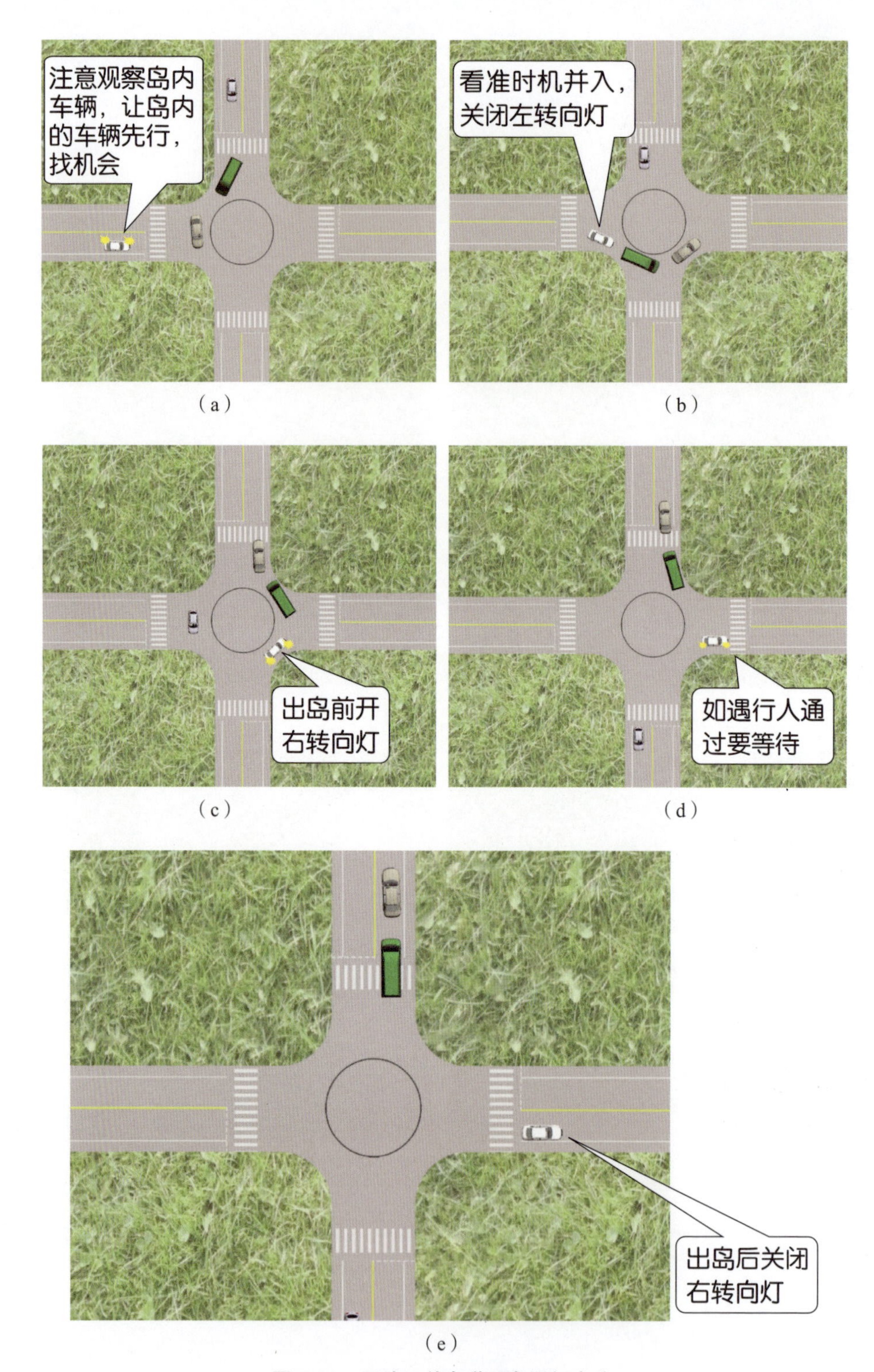

（a） （b） （c） （d） （e）

图 5-18　四路口单车道环岛通行方法

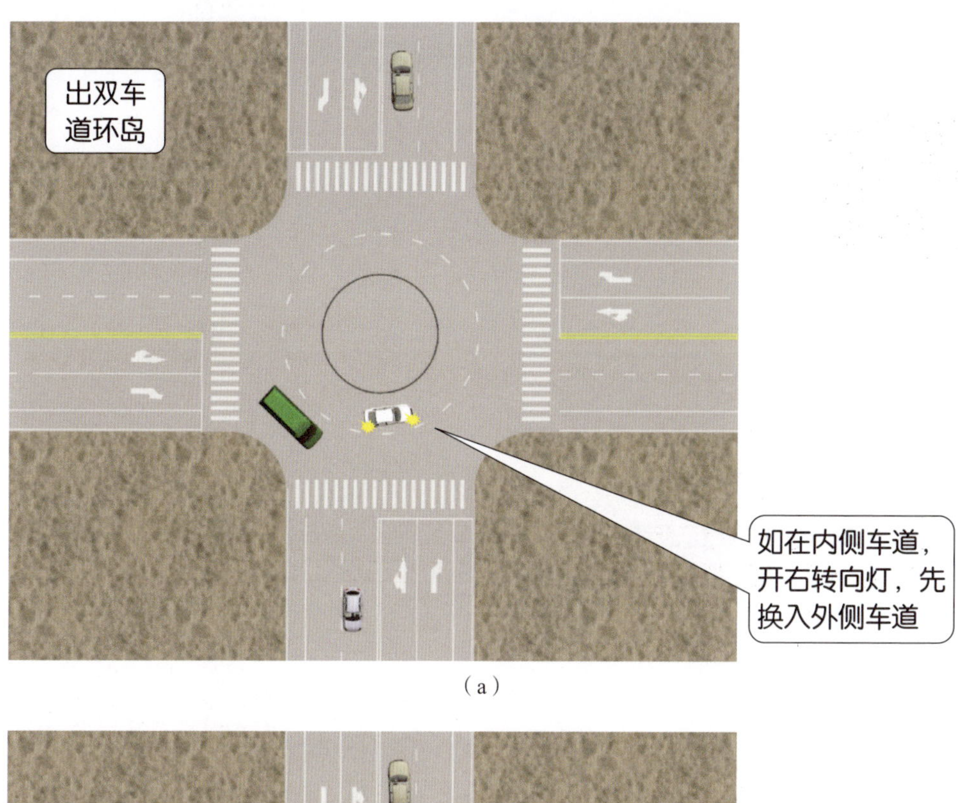

（a）

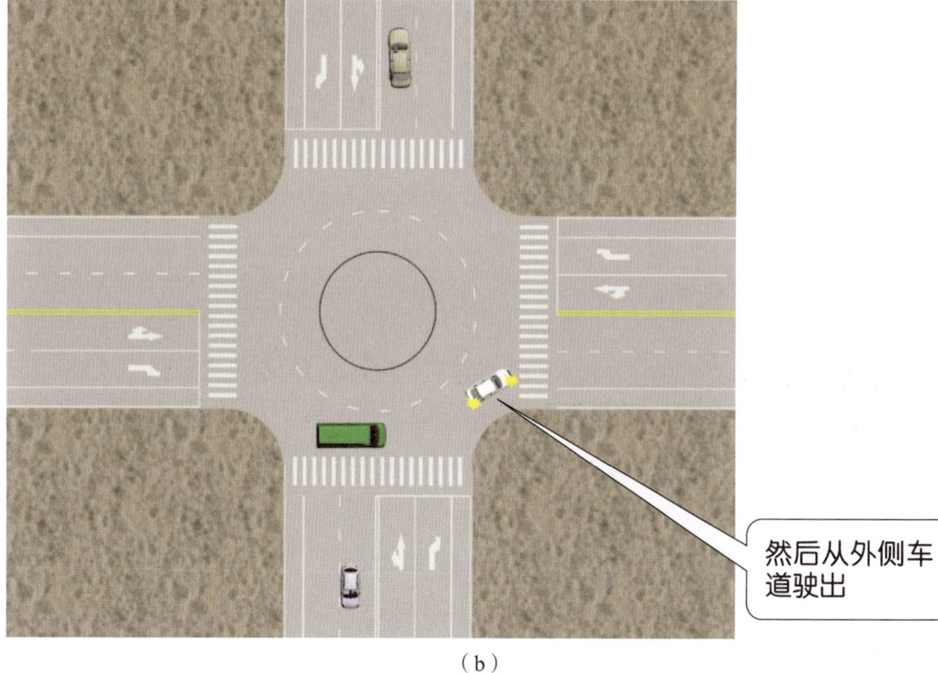

（b）

图 5-19　四路口双车道环岛通行方法

扫一扫
看动画
演示视频

5.4.4 铁道路口通行

通过铁道路口要做到：一停二判三通过。

（1）一停

进入铁道路口遇红灯及栏杆放下时都要停车，如图5-20所示。

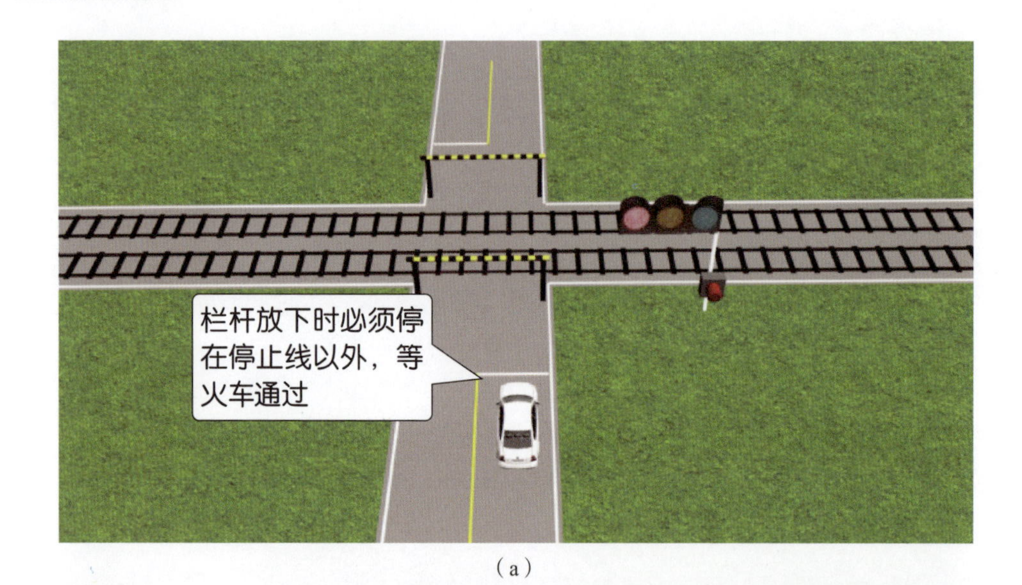

（a）

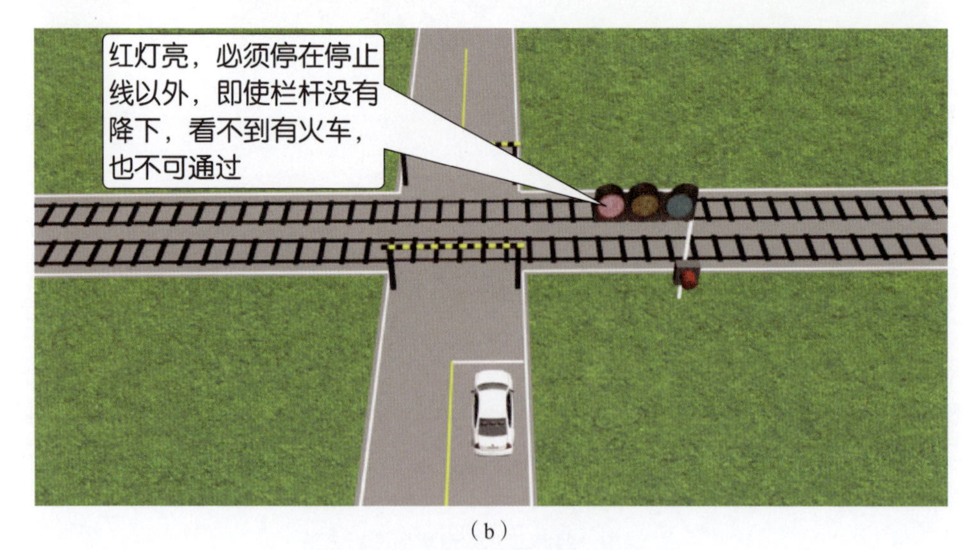

（b）

图5-20 进入铁道路口停车

（2）二判

通过眼观耳听判断是否安全。要看清交通标志和信号灯。通过无人值守、无栏杆的铁道路口前，更要提高警惕。

（3）三通过

通过铁道路口的方法如图5-21所示。

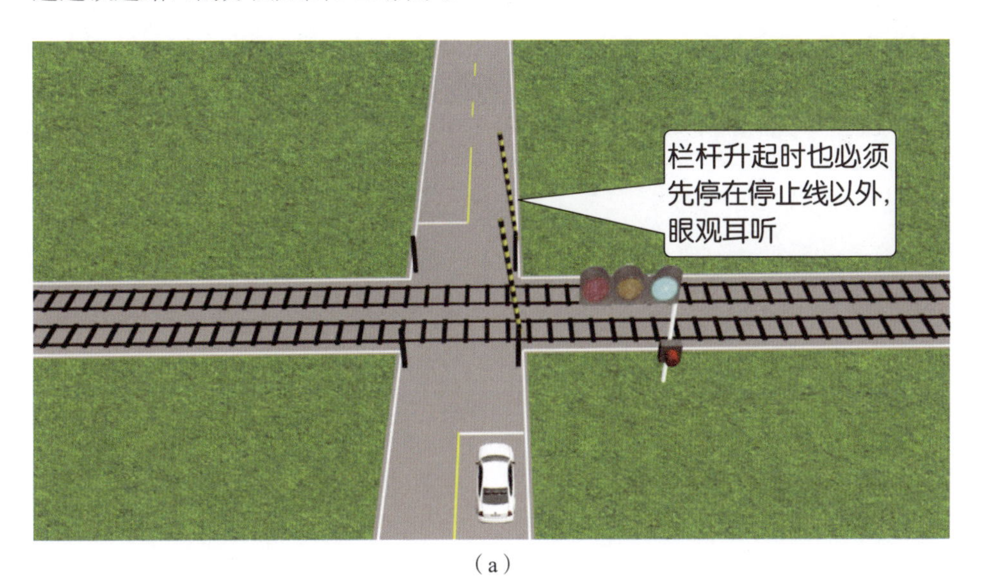

（a）

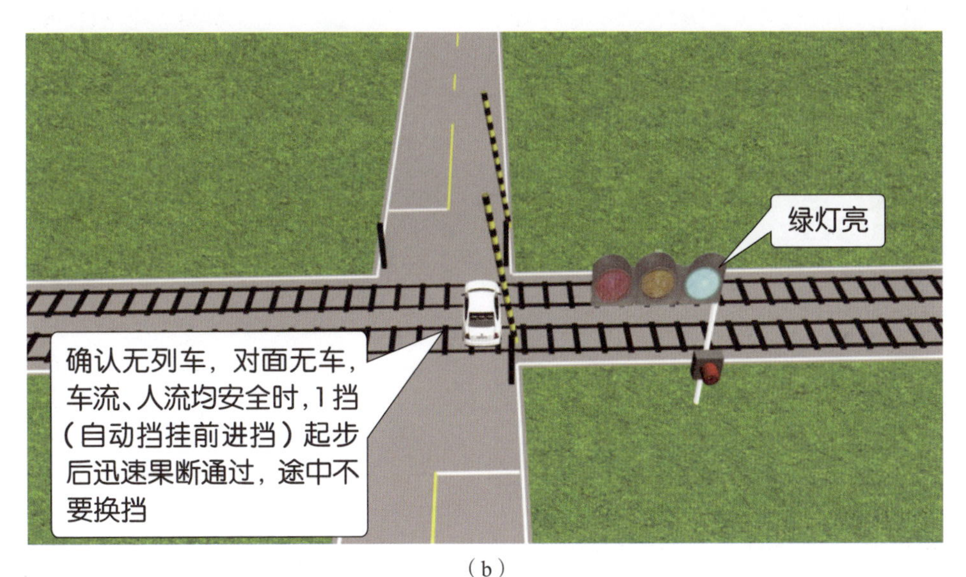

（b）

图5-21

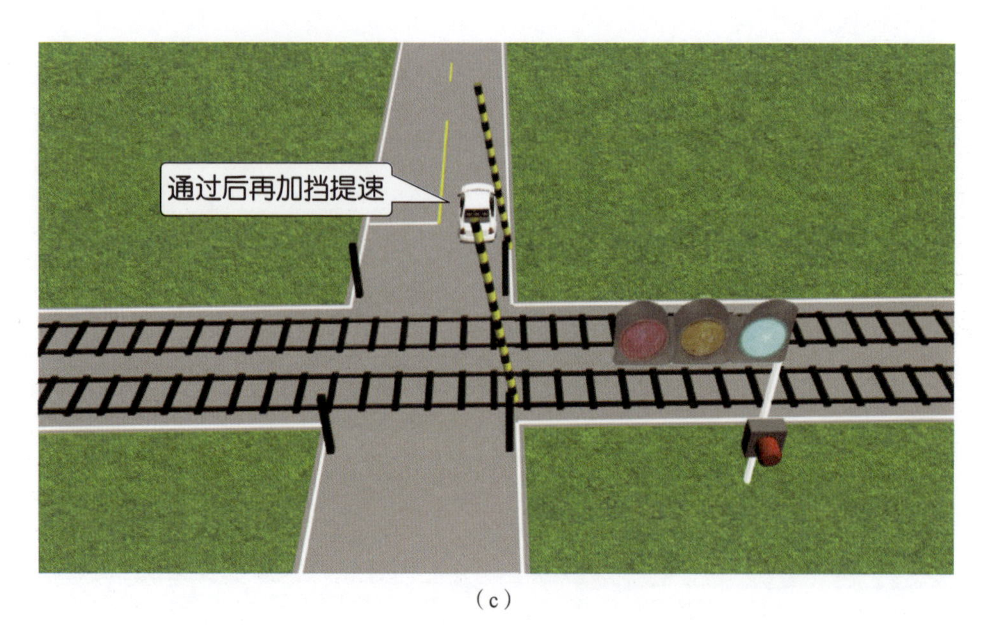

（c）

图 5-21　通过铁道路口的方法

（4）通过铁道路口的注意事项

通过铁道路口时，应注意如图 5-22 所示的情况。

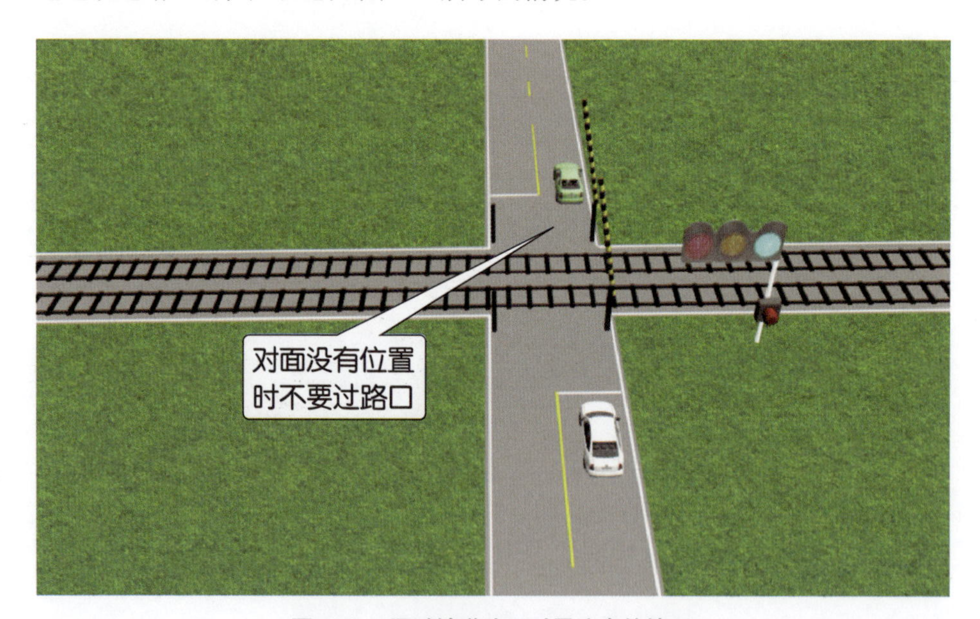

图 5-22　通过铁道路口时需注意的情况

（5）在铁道路口熄火的急救方法

如在铁道路口遇上熄火，可采取如图5-23所示的急救办法。

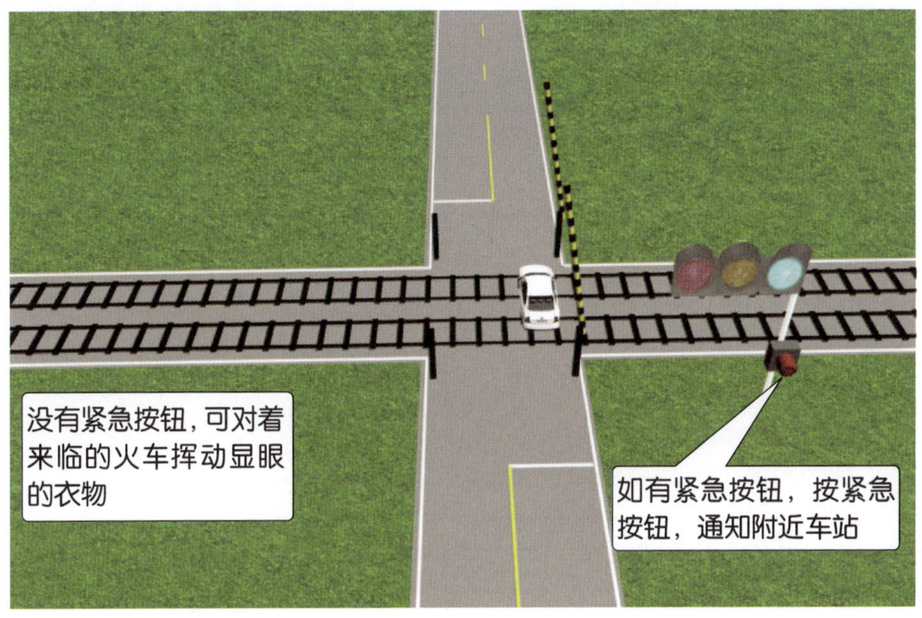

（a）

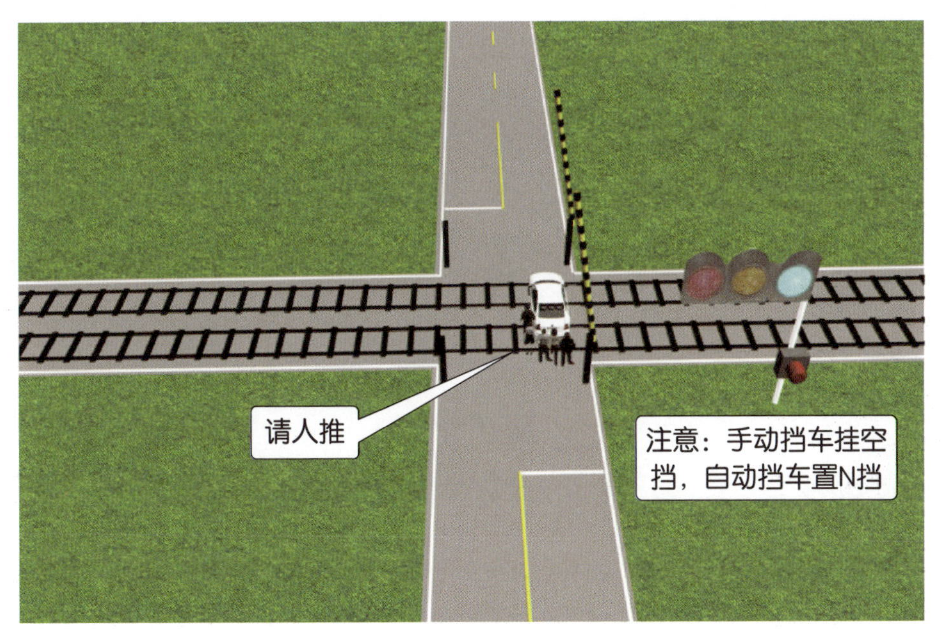

（b）

图5-23

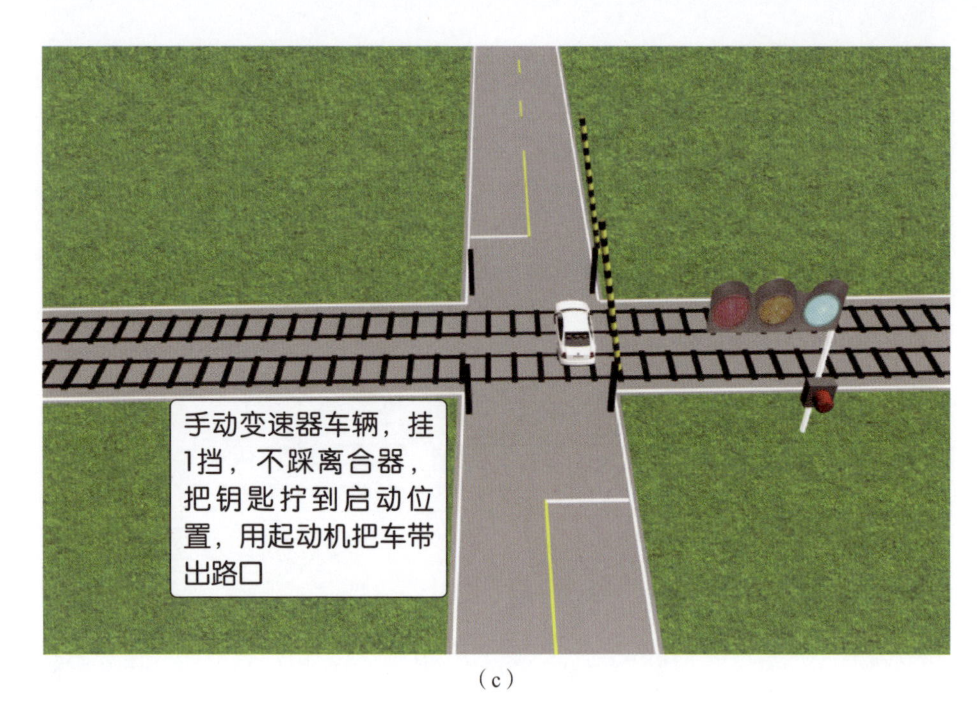

（c）

图 5-23　在铁道路口熄火的急救方法

5.4.5　立交桥通行

（1）立交桥行驶

常见的立交桥及通行方法如图5-24所示。

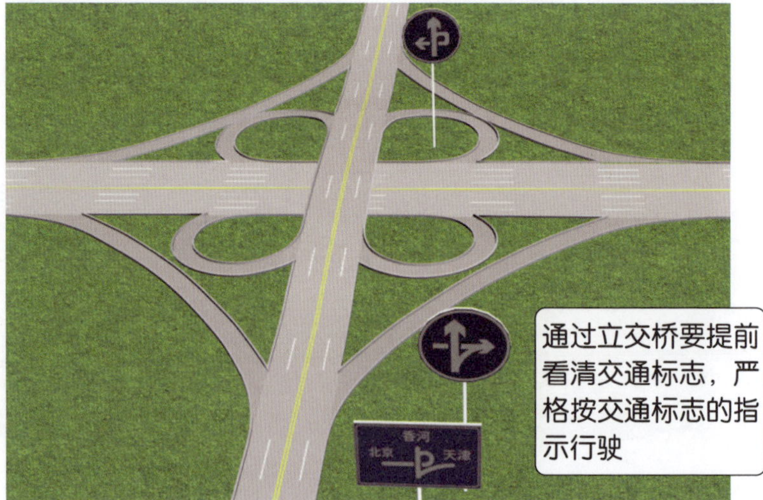

（a）注意交通标志

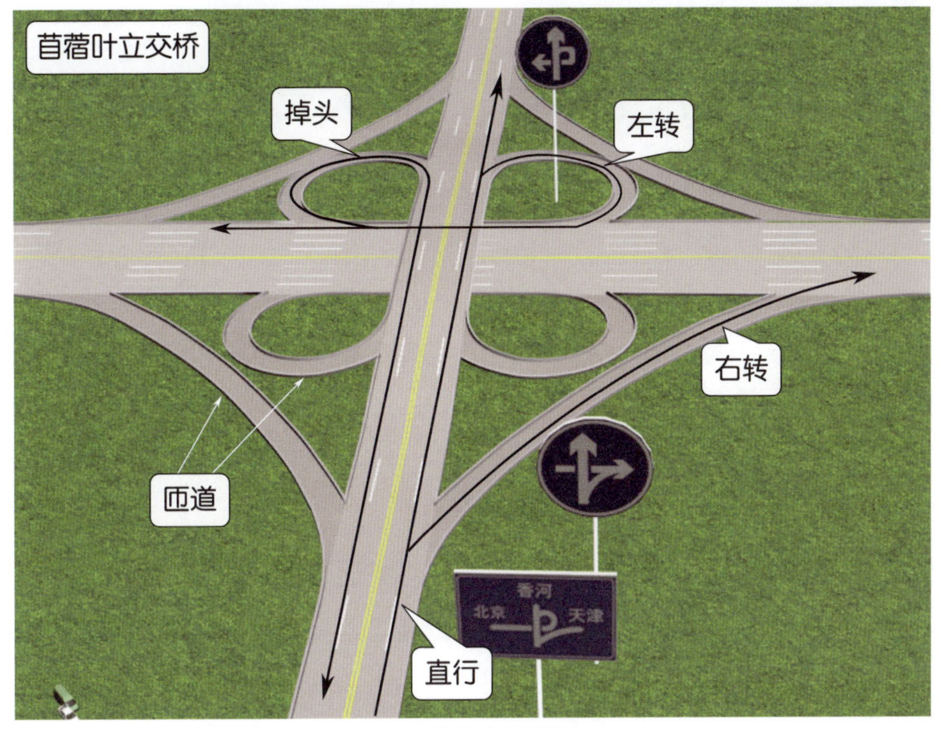

（b）苜蓿叶立交桥

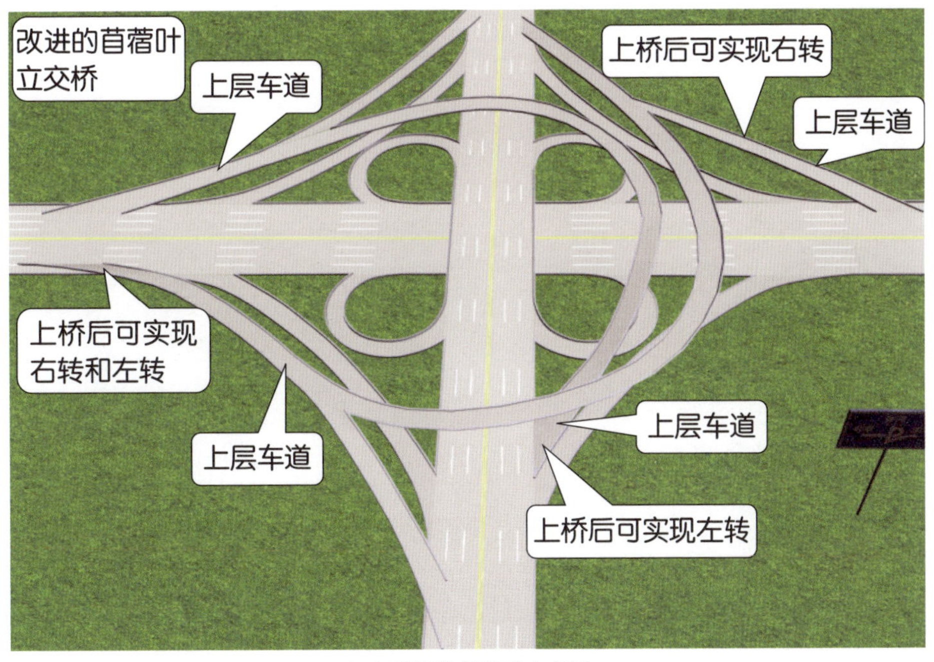

（c）改进的苜蓿叶立交桥

图 5-24

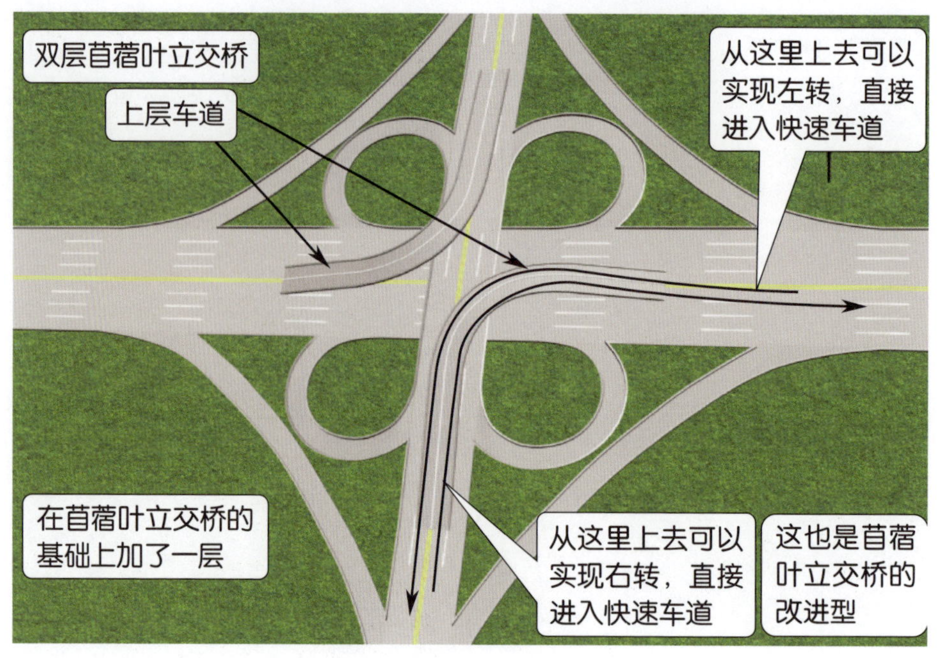

（d）双层苜蓿叶立交桥

图 5-24 常见的立交桥及通行方法

（2）匝道行驶

进出立交桥或高速公路需要通过匝道来完成，为了安全，进出匝道前要开转向灯3秒以上。

❶ 无引导车道匝道通行方法

无引导车道匝道通行的方法如图5-25所示。

（a）

（b）

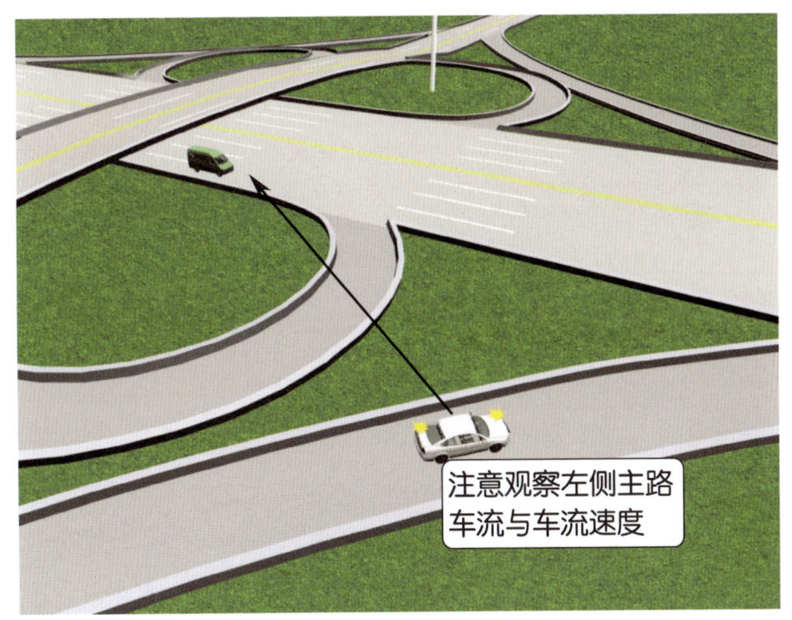

（c）

图 5-25

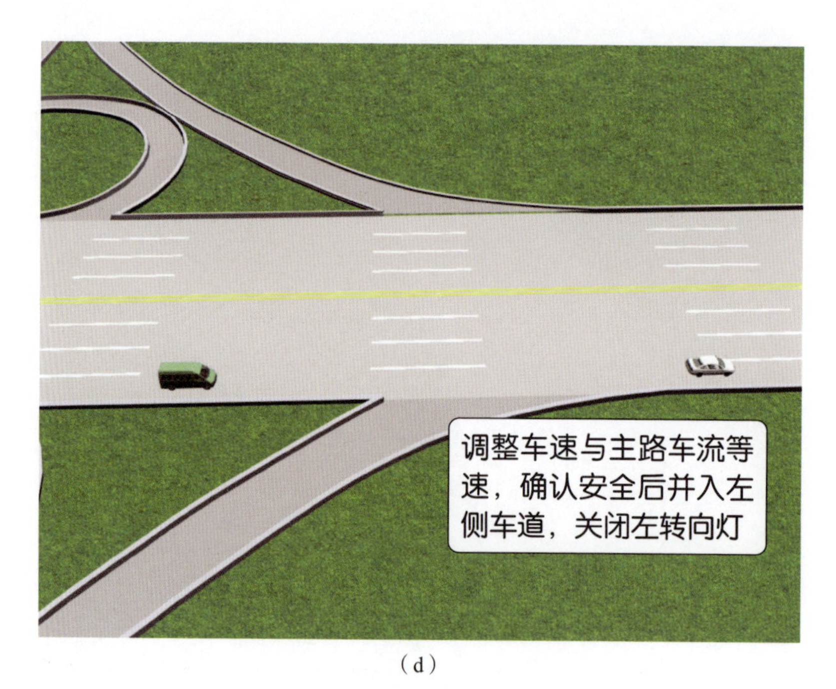

（d）

图 5-25　无引导车道匝道通行的方法

由匝道驶出主路的方法如图 5-26 所示。

（a）

（b）

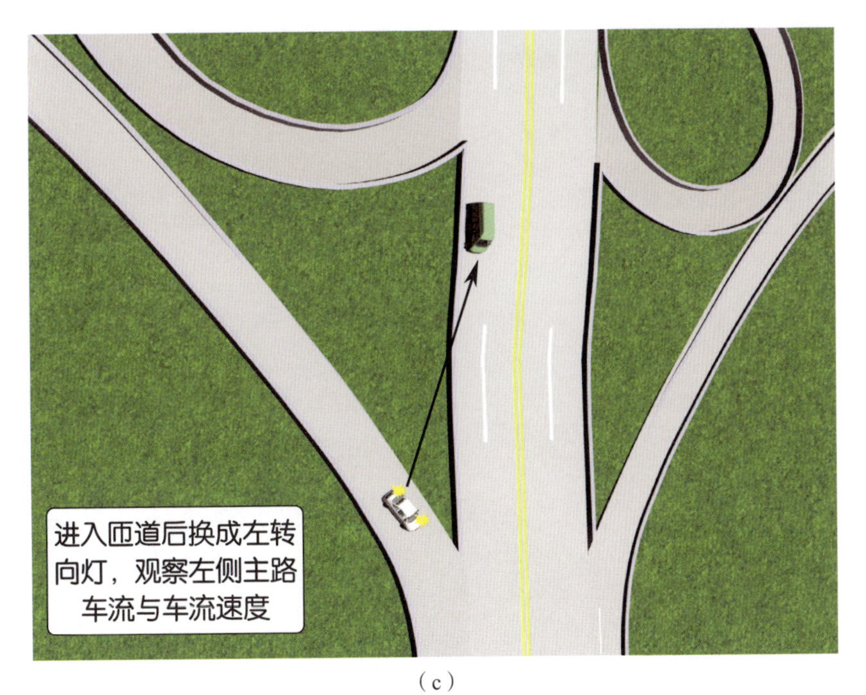

（c）

图 5-26

（d）

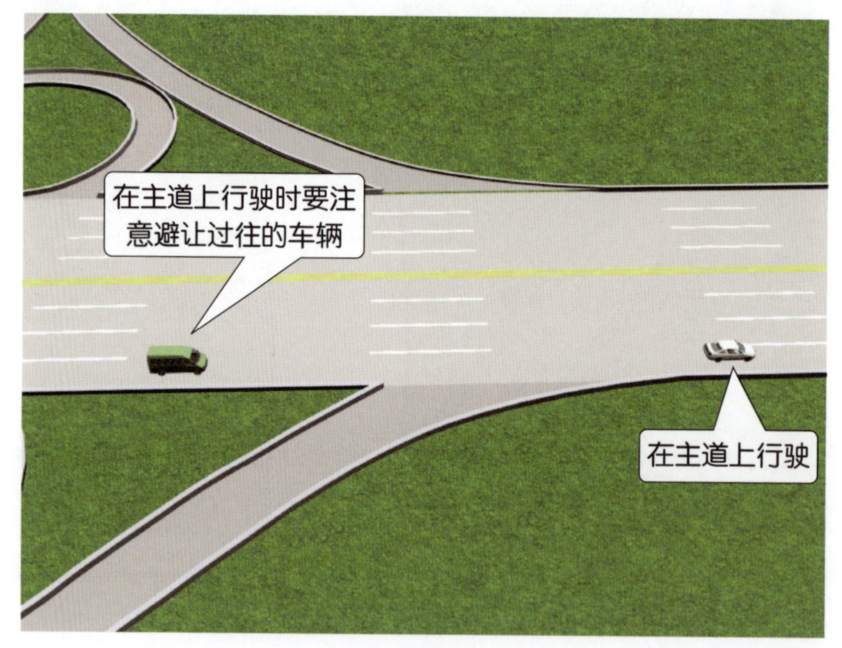

（e）

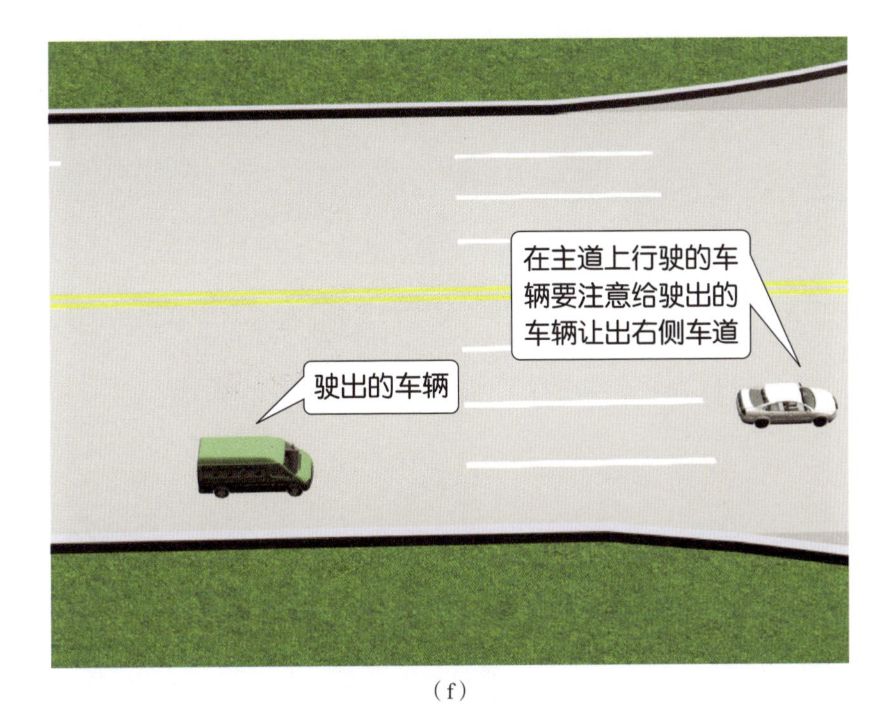

（f）

（g）

图 5-26 由匝道驶出主路的方法

❷ 有引导车道匝道通行方法

有引导车道的匝道，除在引导车道上的驾驶有差别外，其他路段的驾驶注意事项与前面所述一样。如图5-27和图5-28所示。

（a）

（b）

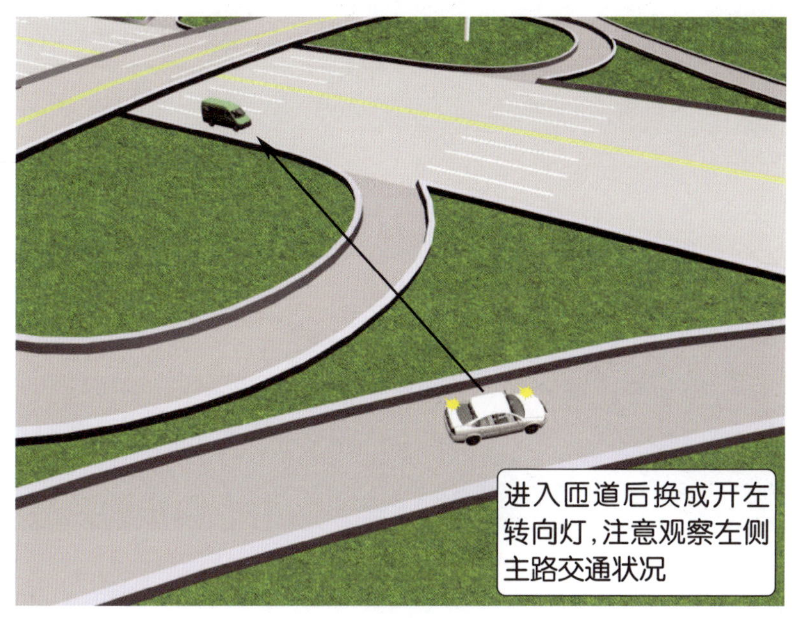

（c）

（d）

图 5-27

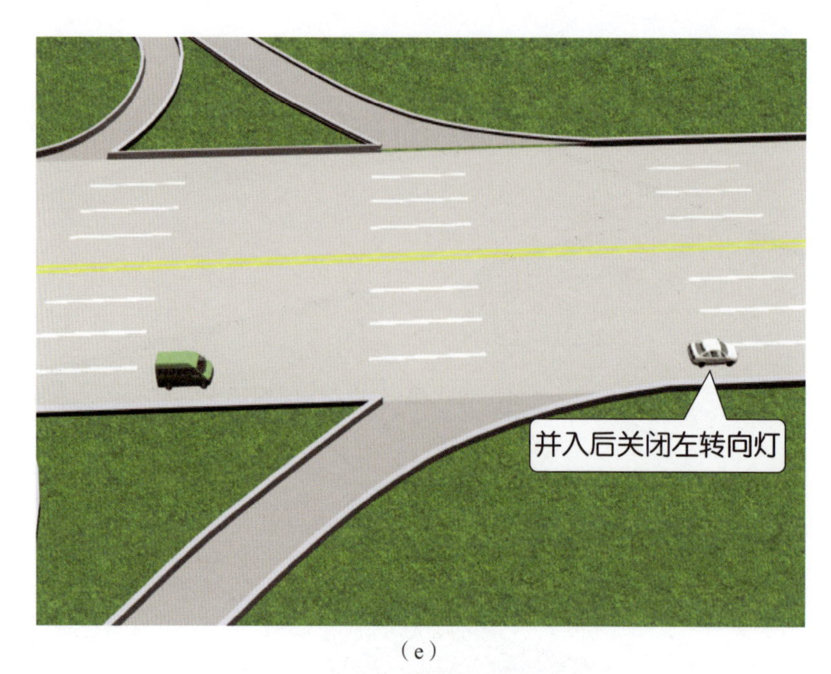

（e）

图 5-27　有引导车道匝道通行的方法

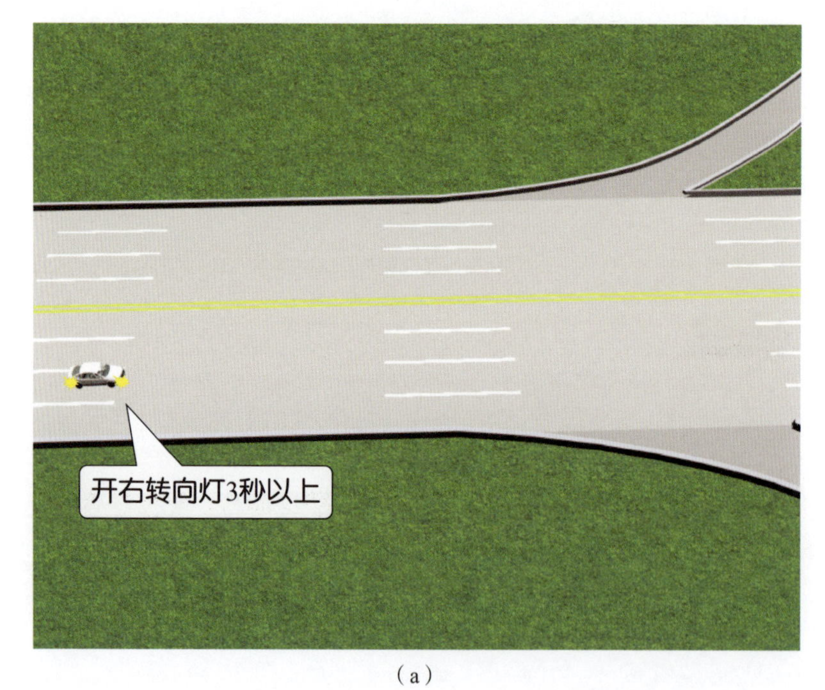

（a）

驶入引出车道，逐渐减速至30千米/小时以下，车距保持在15米以上

（b）

进入匝道后换成左转向灯，注意观察左侧主路交通状况

（c）

图 5-28

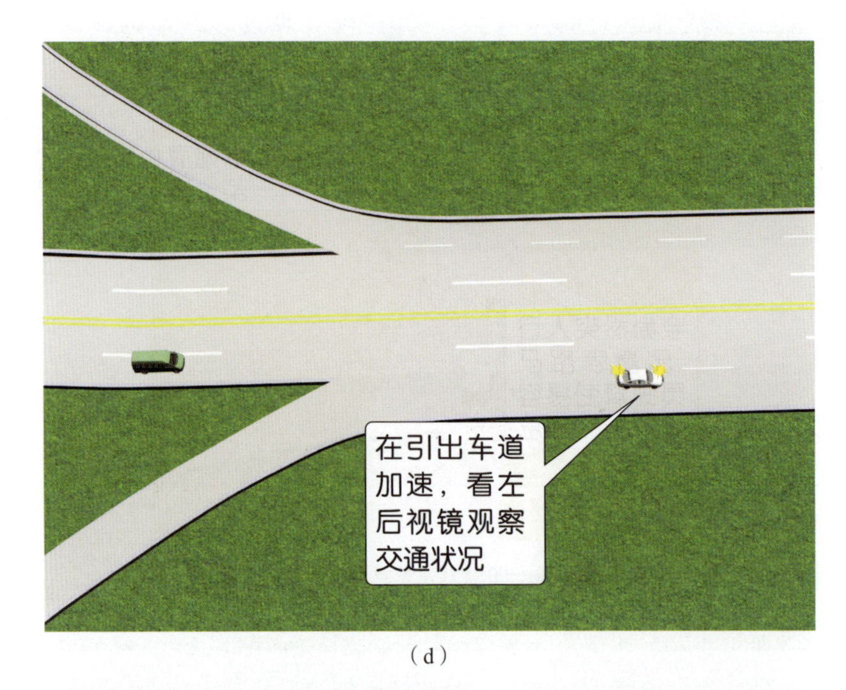

（d）

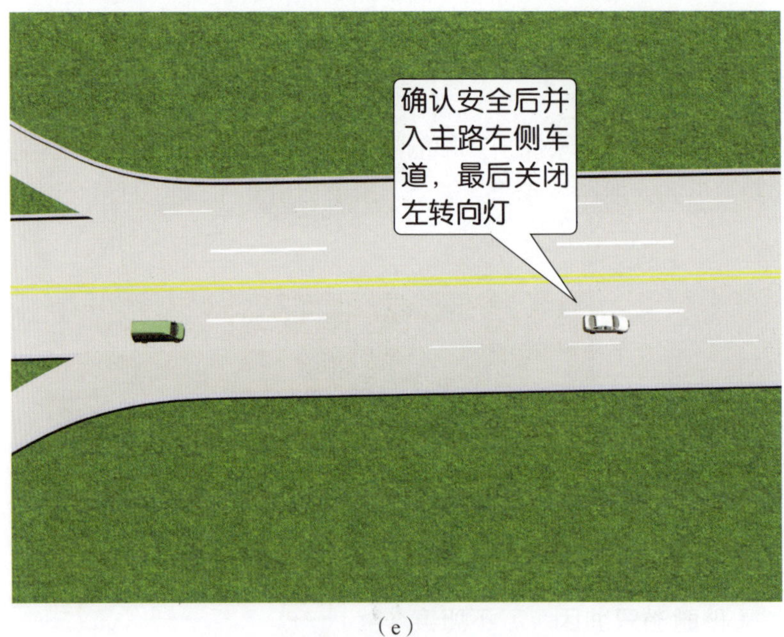

（e）

图 5-28　驶出有引导车道匝道的方法

（3）其他形式的立交桥通行

下面是另外两种立交桥的通行方法，与前面大同小异，可举一反三，如图5-29所示。

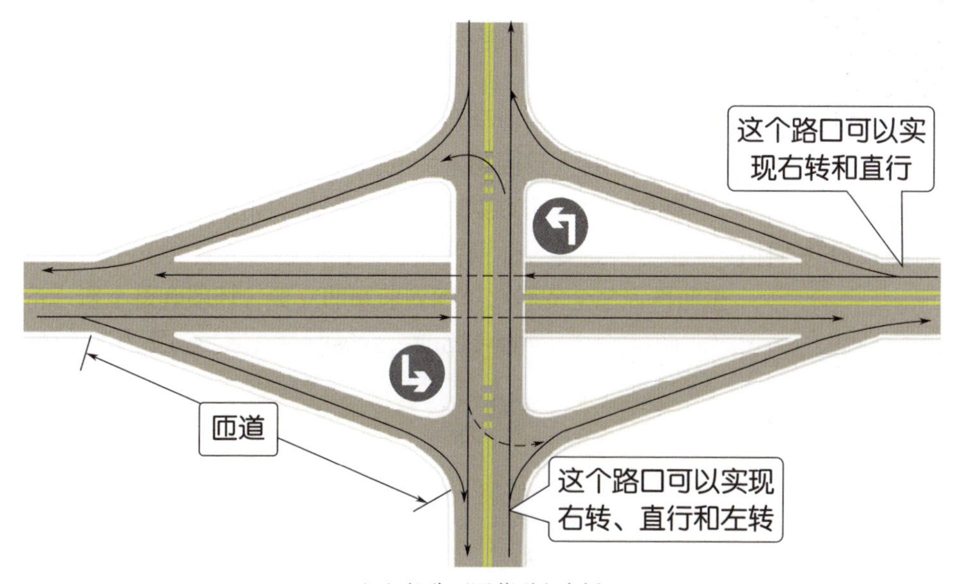

（a）部分互通菱形立交桥

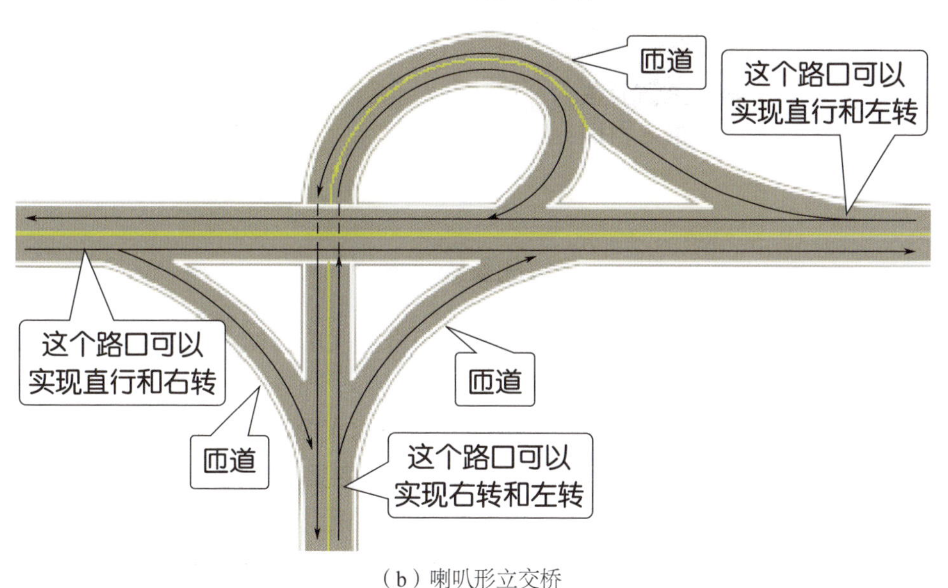

（b）喇叭形立交桥

图 5-29　其他形式的立交桥及通行方法

扫一扫
看动画
演示视频

5.4.6 高速公路驾驶

（1）高速公路的特点

高速公路上都有交通信息牌，还有监控测速设备。高速公路交通标志大且完备。具体特点如图5-30所示。

（a）

（b）

（c）

（d）

（e）

（f）

（g）

（h）

图 5-30　高速公路的特点

（2）高速公路上的行驶特性

高速公路上行驶速度快，车道规定明确。不同车道行驶速度规定如图 5-31 所示。

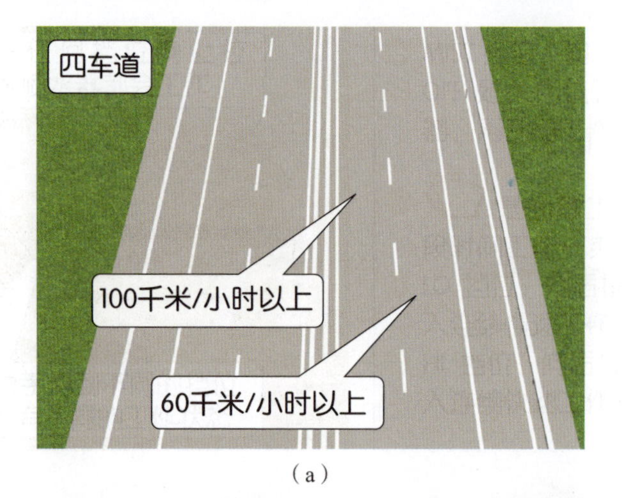

（a）

六车道
110千米/小时以上
90千米/小时以上
60千米/小时以上

（b）

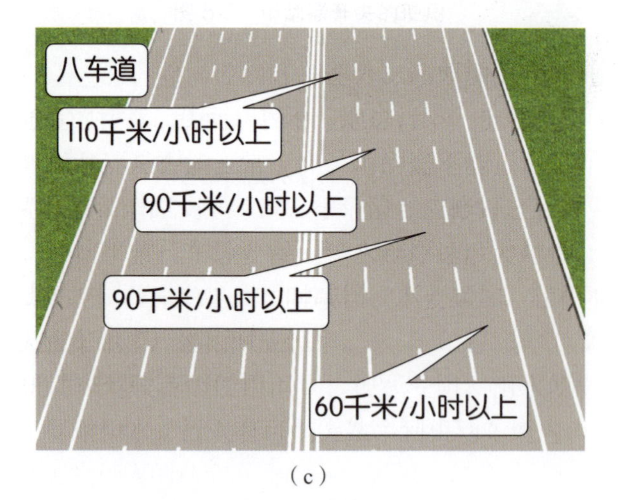

（c）

图 5-31　高速公路不同车道行驶速度

（3）上高速路前的准备

检查机油、冷却液、制动液、助力液是否正常。加满燃油。检查轮胎有无裂纹，是否夹有异物；胎压是否正常，不正常则要按说明书上的要求给轮胎充气。

要带上灭火器、常用随车工具等。有条件还可以带上医务包。

（4）安全驶入高速公路

安全驶入高速公路的方法和步骤如图5-32所示。

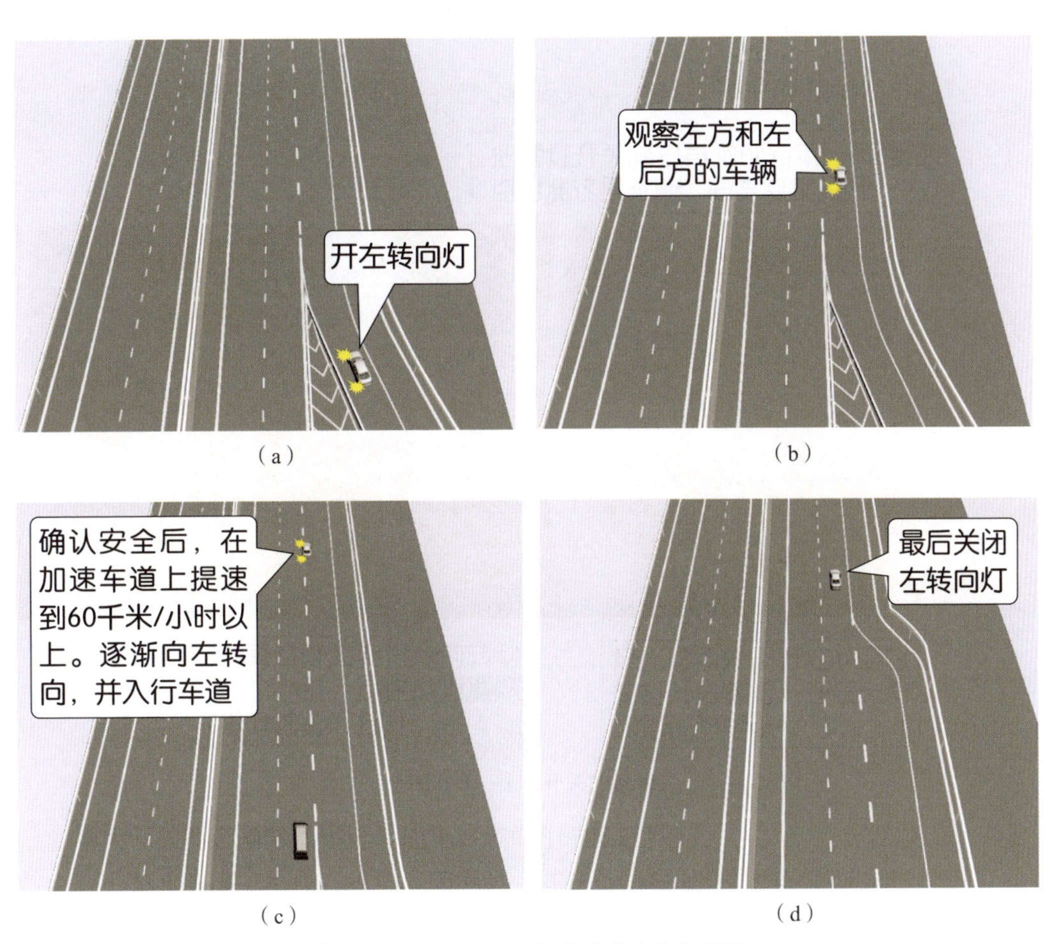

图5-32　安全驶入高速公路的方法和步骤

（5）高速公路行车道行驶

在高速公路行驶时主要应注意图5-33所示的问题。

除图5-33所示情况外，在高速公路行驶进收费站时，要进绿灯亮的车道，因为红灯亮的车道没有工作，不能通行。

（a）

（b）

图5-33 高速公路行车道行驶

（6）安全驶离高速公路

应按路边的驶出标志安全驶离高速公路，具体方法和步骤如图5-34所示。

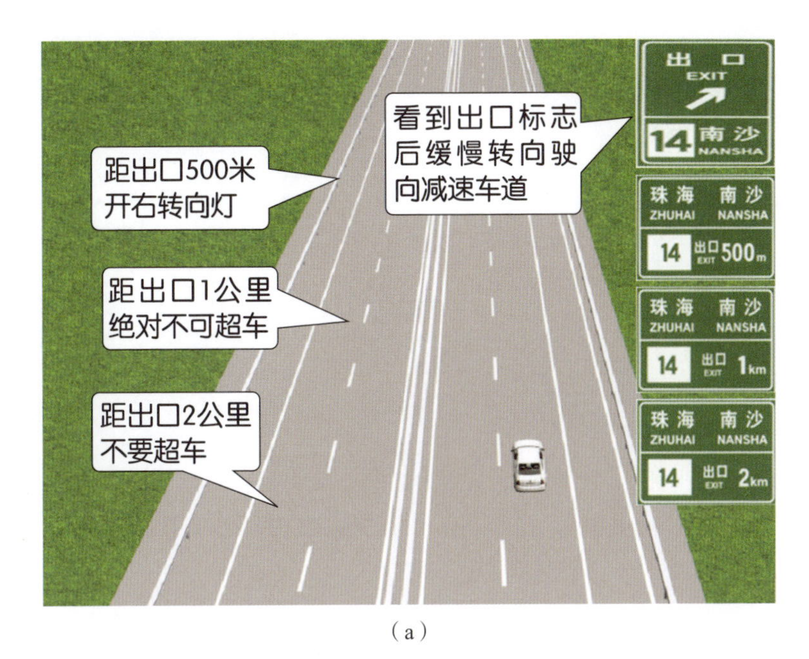

（a）

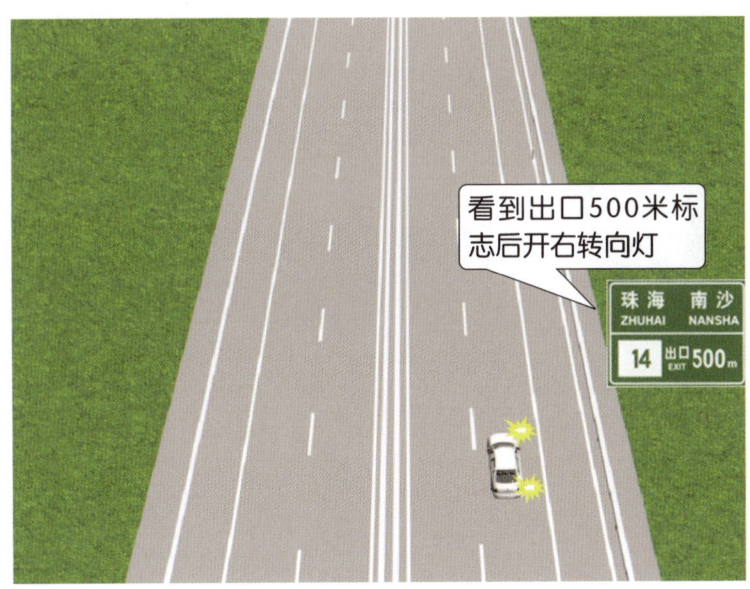

（b）

图5-34

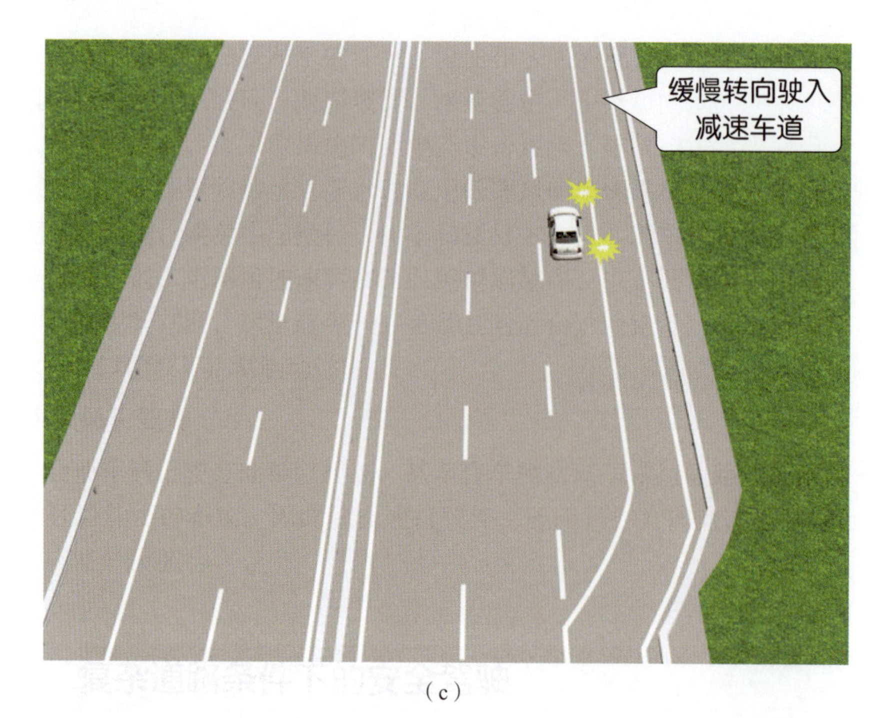

（c）

（d）

图 5-34　安全驶离高速公路的方法和步骤

5.5 紧急情况下的临危处置方法

（1）紧急情况驾驶的处理原则

❶ 冷静判断，果断处置。

❷ 避重就轻，先人后物。

❸ 能够轻易躲避、速度比较低的时候可先方向、后制动。

❹ 难以躲避或是速度比较快的时候应先制动、后方向。

❺ 高速行驶时，没有ABS的车辆要用点刹降低速度，有ABS的车辆要一脚把刹车踩到底；等速度降低后再打方向，以免翻车。

（2）紧急情况下的处置操作

通过狭窄的胡同或路口，有建筑物、施工围墙遮挡等路段，可能突然出现行人、自行车、电动车等其他交通参与者，很容易发生事故。所以在这样的路段驾驶时，首先应把车速降低到可以随时停车的程度，快要通过时把脚放在刹车上，让车辆靠惯性前进，等进入路口确认安全后，再把脚放在加速踏板上，加油继续正常行驶。

如果眼前突然出现无法预料或是无法观察到的紧急情况，应做如下处理：

❶ 握稳方向盘，迅速把刹车踩死，同时快速观察前方、扫视左右后视镜，寻找安全的空隙，打方向到那里躲避。

❷ 没有ABS的车辆可能会抱死，发生侧滑，此时应松开一点刹车，侧滑消失时，继续打方向躲避，接着再次踩死，松开一点刹车，重复这个过程直到安全停车。

❸ 遇紧急情况时，装备ABS系统的车辆的紧急制动方法如图5-35所示。

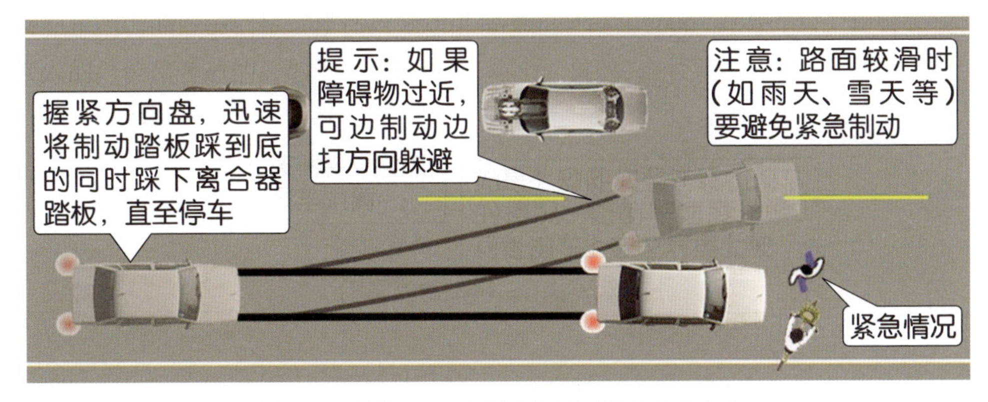

图5-35 装备ABS系统的车辆的紧急制动方法

没有装备ABS系统的车辆在中低速行驶时的紧急制动方法，与装备ABS系统的车辆类似，一脚踩死刹车也不会发生侧滑。但在高速行驶时会发生侧滑，应采用如图5-36所示的方法制动。

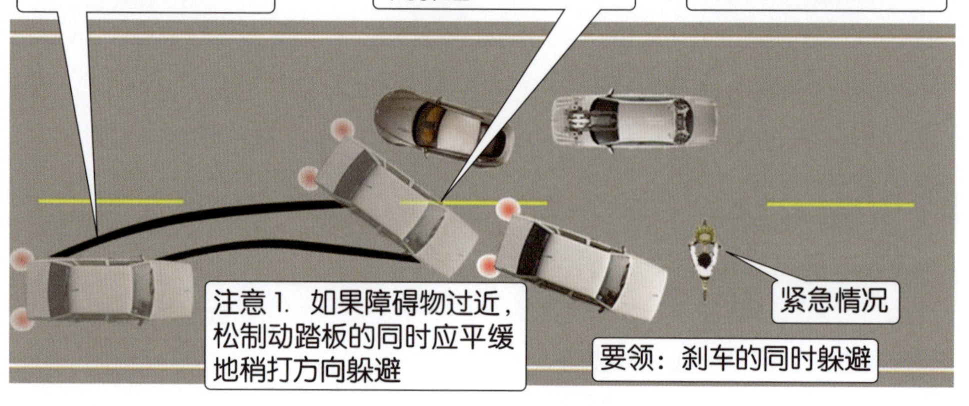

图5-36　高速行驶遇紧急情况时的处理方法

（3）突发故障时的应急驾驶

车辆维护保养差引起的故障、不正确的操作、超载等都是引发爆胎、制动性能下降或失效、转向失控的重要因素。为了避免这些情况的发生，按厂家要求做好维护保养是至关重要的。

❶ 爆胎的预防与爆胎后的驾驶。

按厂家规定的值充气，是各种使用条件下充分发挥轮胎性能的最佳保证，同时可确保行车的安全与舒适，并避免不正常的磨损。驾驶中要避开地面上的尖锐物体，必要时下车排除，可最大限度地防止爆胎。

爆胎的紧急处置方法如下。

万一遇到爆胎的情况，一定不要慌张，处理问题要果断。如果汽车后胎爆了汽车仅仅是上下颤动，汽车方向盘还可以控制得住，汽车倾斜也不厉害，只要收油、减挡，慢慢将车停下来就行了。若是前轮爆胎，不仅汽车会颤动，发生倾斜，而且方向盘也会突然被一股巨大的力量拉向爆胎的那一边，比较危险。因此，在高速行驶中如果发生爆胎，尤其是前轮发生爆胎时，绝对不能首先踩刹车，而要用双手紧握方向盘，尽量控制前进方向，并慢松油门让汽车减速。速度降低后，如单手能控制住方向，争取抢挂低速挡，越级也可；控制不住就轻点刹车，单手能控制住方向后再抢挂低速挡或空挡。等到车速完全降下来以后，操作方向盘把车停在路边安全的地方，更换轮胎。

上高速公路行驶之前要仔细检查一下轮胎气压是否符合要求，并做好应付发生意外情况的心理准备。我们平时就要养成时时刻刻抓好方向盘的习惯，这样才能在发生爆胎的关键时刻，沉着冷静，较好地控制好方向，化险为夷。

爆胎后立即抢挡的方法不可取，因为此时全力以赴地控制方向都十分困难，抢挡动作更是难以进行，所以应在速度降低后再抢挡。如果实在应付不了，速度降低后踩下离合器也可，速度进一步降低时再缓踩刹车靠边停车。

❷ 刹车失灵的预防与紧急处置。

a.刹车失灵的预防：

加强定期维护，规范出车前的检查。出车前，驾驶员应当按照程序检查制动效能是否正常，如注意检查制动管路有无滴漏现象，如果发现制动踏板的行程异常或制动效能骤减现象，要及时送修。

车辆在下长坡、陡坡时，无论有无情况都应该踩一下刹车。既可以检验刹车性能，也可以提前发现可能出现的刹车失灵，从而赢得更多控制车速的时间，把事故消灭在萌芽状态。

下长坡长时间制动会因制动器过热导致制动失效。因此在下长坡时，驾驶人应充分利用发动机制动控制车速，在频繁使用制动后，应选择安全地段，猛踩刹车试验制动效能，如发现异常应慢慢开到修理厂维修。

b.刹车失灵的紧急处置方法：

根据路况和车速控制好方向，换入低速挡，利用发动机的牵引阻力使车速迅速降低。有独立驻车制动系统的车辆，拉驻车制动系统和减挡可以配合使用。可用右手在按下驻车制动手柄按钮的同时适当拉驻车制动手柄，车辆如有侧滑现象，可以把手柄向下放松一些，速度降低后，再减挡。重复这个过程，直到安全停车。注意不能拉紧不放，如果拉得太紧，容易使制动盘“抱死”，很可能损坏传动机件而丧失制动能力；如果拉得太慢，会使制动盘磨损烧蚀而失去制动作用。

如果是下坡时刹车失灵，不能利用车辆本身的机件控制车速时，或是情况太紧急，实在来不及操作，可利用车的保险杠、车厢等刚性部位与路边的天然障碍物，如大树、山体等，摩擦、碰撞，从而达到停车脱险、避免更大损失的目的。

如果是上坡时出现刹车失灵，应适时减入中低挡，保持足够的动力驶上坡顶停车。如需半坡停车，应保持前进低挡位，拉紧手制动，随车人员及时用石块、垫木等物卡住车轮。如有后滑现象，车尾应朝向山坡或安全的一面，并打开大灯和紧急信号灯，以引起过往车辆的注意。

❸ 转向装置失灵的预防与紧急处置。

a. 转向失控和失灵时的预防：

只要严格执行车辆的维护保养，转向失控和失灵是可以预防的。

驾驶人应当定期对车辆的转向系统进行维护，出车前进行安全检查，确保转向系统各部件的安全可靠。如出车前注意检查转向盘的自由间隙是否过大、各连接机构是否松动等，防止转向失控和转向失灵的发生。

b. 转向突然失控的应急驾驶方法：

充分利用驻车制动和行车制动。

汽车若仍能保持直线行驶状态，前方道路情况也允许保持直线行驶时，则不必采取紧急制动。应踩下离合器，轻轻拉驻车制动操纵杆，随速度的降低逐渐加重，最后踩制动踏板，让车缓慢平稳地停下来。打开危险警告指示灯、开前照灯。

如果继续直线行驶的距离比较短，则应立即松抬加速踏板，换入低挡，拇指按住驻车制动器按钮，均匀而有力地拉驻车制动器，当车速明显降低时，逐渐踩下制动踏板，踩下离合器，尽快使车辆逐渐停住。打开危险警告指示灯、开前照灯。

如果汽车偏离直线行驶方向时，事故已经无法避免，则应果断地连续踩踏制动踏板，使汽车尽快减速停车，以缩短停车距离，减轻撞车的力度。

对于装有动力转向和动力制动的汽车，若突然发现转向很困难，或者踏下制动踏板刹车不好，这是由于动力部件出了故障。此时驾驶人还可以实现转向和制动，但操作很费力，应谨慎驾驶，低速前进，将车辆停到适当的地点将车修好或打救援电话求救。

5.6 发生交通事故后的处置方法

发生事故后，如有人员受伤，第一件事情是救人。

要开启危险报警闪光灯，并在来车方向50米以外的地方放置警告标志，以免其他车辆再次碰撞。对油箱破裂、燃油溢出的现象，除及时报警外，还要做好防范措施。特别注意：燃油起火时，不能用水灭火，要用可以灭油火的灭火器或沙、土覆盖的方法来灭火，否则极易造成火势扩散。

可向过往人员求助。

（1）拨打相关电话

交通事故处理常用电话如表5-1所示。

表 5-1　交通事故处理常用电话

部门	电话	部门	电话
保险公司	保险标志上有	火警	119
通用报警	110	急救	120
交通事故	122		

（2）保护现场

最好在车上安装行车记录仪。首先是不移动、不破坏现场；其次则是万不得已、必须移动现场时，记得要先用照相器材、土、石等记录被移动的物品原先的位置。具体在保护现场时，应该注意以下几点：

❶ 车祸发生后，立即将伤者位置用照相器材、土、石标示后将其送医，车辆如有阻碍交通，标示其位置后再予排除。将伤者送到医院后，应告知医务人员对伤者衣物上的各种痕迹，如轮胎花纹印痕、撕脱口，要进行保护。

❷ 制作现场图及照片：如果手头有照相机，建议自行制作现场图，将现场车辆相对位置、碎片位置、人员倒地位置、零件散落位置、刹车痕迹及车道标线等一一标示清楚、并拍摄照片。

❸ 寻找现场目击证人，包括行人，并留下证人联系方式甚至是目击证人的车牌号，以供日后联络之用。如果有录音设备，最后将对方当事人的的话录下，包括证人的言语，以便日后核查。

❹ 联络保险公司人员，伤者或死者只要备齐肇事证明文件（请警方开具）及医疗费用清单，不需透过肇事者即可直接请求保险公司理赔。

❺ 需要特别注意的是：法律规定破坏现场的人要对交通事故承担不利的后果，因此，除了受害一方要有意识地保护现场外，所有在场人士都应该有保护现场的意识。

❻ 在道路上发生交通事故，未造成人身伤亡，当事人对事实及成因无争议的，可以即时撤离现场，恢复交通，自行协商处理损害赔偿事宜；没有及时撤离现场的，应当迅速报告执勤的交通警察或者公安机关交通管理部门。

在道路上发生交通事故，仅造成轻微财产损失，并且基本事实清楚的，当事人应当先撤离现场再进行协商处理。

（3）首先从受害者的角度考虑问题

受害者及其家属会十分悲痛，可能还会做出极端的举动，有时候无论说什么可能都不管用。这时更应设身处地地从他们的角度来考虑问题，耐心等他们平静下来。

（4）与受害者及其家属协商沟通

应当心平气和地和他们沟通，协商赔偿事宜。对于蛮横无理的人，可以设法暂时回避，实在不行只有通过法律途径解决，千万不可做出非理智的行为。

本书配套动画演示视频

序号	动画视频内容	页码
1	倒车入库	86
2	坡道定点停车和起步	95
3	侧方停车	99
4	曲线行驶	102
5	直角转弯——左转过弯	108
6	直角转弯——右转过弯	111
7	变更车道	119
8	会车	129
9	超车与让超车	132
10	掉头	135
11	环岛通行	154
12	铁道路口通行	158
13	立交桥通行	162
14	高速公路驾驶	176